ちくま文庫

明治・大正・昭和　不良少女伝

莫連女（ばくれんおんな）と少女ギャング団

平山亜佐子

筑摩書房

明治・大正・昭和　不良少女伝——莫連女(ばくれんおんな)と少女ギャング団　目次

凡例

一、引用文献は、適宜新仮名、平仮名に改め、適宜句読点をつけ読みやすくした。また、約物類は本書内で統一した。

一、意味が通る宛て字は、当時の時代背景を壊さないため、あえてそのままとした。

一、文献の経年変化のために判読が不能な文字は、〓とした。

明治・大正・昭和　不良少女伝

——莫連女（ばくれんおんな）と少女ギャング団

はじめに

今を遡ること九八年前、今と同じく一流企業や店舗がひしめく丸ビル内で、売春や脅喝が横行していたとしたら、信じられるだろうか。

それらは何食わぬ顔で出入りする靴磨きの男などによって斡旋されたばかりか、丸ビルに勤める虫も殺さぬような美人店員たちまでが、密かに不良少女団を結成し、売春をはじめとする犯罪に手を染めていたとしたら……？

モダンでレトロな古き良き丸の内のオフィス街が、一転、あやしい者たちがうごめく魔都といったイメージに変貌しないだろうか。

筆者が最初に彼女たちの存在を知ったのは、ある雑誌記事からだった。

「丸ビル一の美人とうわさされたタイピストの林きみ子は、ハート団という不良グループの首領で〝ジャンダークのおきみ〟と異名をとった。彼女らは丸ビルの某喫茶店を根城に、丸の内一帯にはびこり、婦女子をおどして金品をまきあげたり、万引きを強要したり、わるさのかぎりをつくした」という『歴史読本』（新人物往来社）二〇〇八年四月号のコラムである。

丸ビルといえば、一九九九年に取り壊されて新装されるまで永きにわたって愛された、丸みをおびたモダニズム建築が浮かぶ。タイピストは、女性の社会進出が本格化した当時の花形職業のひとつだ。そして、「ハート団」「ジャンダーク」というハイカラでお洒落な〝大正モダニズム〟的名称にはなんともいえない郷愁がある。

筆者とて、不良団の首領である少女が昭和初期の浅草を舞台に神出鬼没する川端康成の小説『浅草紅団』を知らないわけではなかったが、大正時代に二つ名を名乗る威勢のいい不良少女たちが実在し、ビジネスの中心である丸の内に跋扈していたという事実はまた違った好奇心をそそる。丸ビル一の美人という林きみ子はどんな女性なのか、堅実なイメージのタイピストがなぜ脅喝をしていたのかといった事件そのものへの疑問とともに、ほかにも不良少女や不良少女グループはあったのか、あったとすればどんな集団で、その背景にあるものは何か、など知りたいことが後から後から湧いてきた。

大正末期の丸ビル全景（大正一五〔一九二六〕年四月撮影。毎日新聞社）

資料を集めるうち、一口に不良少女といってもそれぞれの時代にそれぞれの呼称と存在の仕方があったことに気がついた。明治期の新聞には、社会のルールを無視する女性は「莫連女（女のならずもの、すれっからしの意）」と書かれることが多く、団体の場合、不良少年団を表す「愚連隊（「はぐれる」の俗語「グレ」の集団の意）」に対し「女愚連隊」「悪少女団（隊、組）」という言葉が使われている。「不良少女」「不良少女団」が事件記事などで散見されるのは大正以降のことで、このころから不良少年少女は飛躍的に数を伸ばし、社会問題化する。昭和期に入るとモダンガールの略称「モガ」が多用されたほか「バッド・ガール」などとも呼ばれていた。それらの呼称は、良妻賢母型モデルに対するアンチテーゼとしてメディアのなかでつくり出され、利用されたともいえるだろう。しかし、そのことを加味しても、彼女たちの自由を巡る軌跡の魅力は変わらない。

本書は、素朴な疑問をきっかけとして、近代史や社会学、女性文化史の専門家でもないわたしが、明治、大正、昭和初期の不良少女の事件記事を夏休みの昆虫採集よろしく集めた、いわば事件録である。急速に発展する都市文化、繰り返す好景気と大恐慌など、めくるめく価値転換をせまられた時代を果敢に泳ぐ不良少女たちが起こすさまざまな事件。それらの記事を通して、彼女たちを取り巻く環境や暮らしをさぐり、考え方、感じ方、生き方を追体験することができればと思う。

第一章

明治　銀杏返しの莫連女たち

明治という時代

菊は栄える、葵は枯れる、西に轡の音がする。

江戸が東京（東京（とうけい））と改まり、日本の近代は幕を開けた。大久保利通らによって東京の西欧化・近代化が進められ、銀座煉瓦街、第一国立銀行をはじめとする西洋建築が建てられ、ガス灯が道を照らし始める。それまで舟と駕籠しかなかった移動手段は乗合馬車や人力車にとって変わり、明治五（一八七二）年には新橋―横浜間に、その後も上野―熊谷間、赤羽―品川間に鉄道が開通するなど交通網は日増しに充実していった。市区改正条例によって大通りは広げられ、水道工事も始まる。学制発布、帝国大学令などにより教育の制度化がはかられ、全国から立身出世をめざした書生たちが東京に集まる。さらに日清戦争の勝利などで勢いづいた政府は殖産興業政策をとるが、これによって官営工場が整備され、近代的な民営工場も数多く建設された。これらはみな政府が国民に押し付けたものだったが、その結果、商業、物流、情報などが東京に一極集中、人口は大幅にふくれあがり、地方から出てきた農民は職につけずに下層民に転落するなど、都市も人の意識も大きく変貌していく。

不良少年少女の誕生

大正二（一九一三）年五月二十七日付読売新聞に掲載された「罪は学校及び家庭に在り　不良少年少女の増加」とする連載コラムには「我国に於る所謂不良少年なるものの発生は明治二十五年の末から二十六年の始めの間で、区別すれば硬派軟派とも謂うべき二種のものと乞食同然な盗児団であった」とある。時期をそこまで厳密に言い切ることができるかはわからないが、村嶋歸之『村嶋歸之著作選集　第2巻　盛り場と不良少年少女』（柏書房、二〇〇四年）では「東京の不良少年団の起源は、日清戦争の後に発するといふ」（阪口鎮雄『不良少年之研究』（日本警察新聞社、一九一六年）からの引用）とあり、浅野成俊『不良少年と教育施設』（日本学術普及会、一九二九年）にも日清戦争後とあることから、日清戦争前後の明治半ばから現れたと考えるのが妥当のようだ。鈴木賀一郎『防犯科学全集　第7巻　少年少女犯篇　女性犯篇』（中央公論社、一九三五年）には「はなやかな戦勝の悦びに酔うて、吾れ人ともに浮き〳〵していた為めか内部的に家庭教育などを顧みられない傾向があり、これに澎湃たる軍人崇拝の世相が影響」したとある。不良少年の発生の過程については前掲『不良少年と教育施設』に詳しく書かれている。それによると、日清戦争後の戦勝景気で増加した学生たちが同郷ごとに団体を設け、しばしば喧嘩をしたが、そのうち不良の気のある者同士が意気投合して新団体を組織し、やがて不良団になったという。初期の硬派とよばれる不良は、義侠心を持った任俠の流れを汲むもので、決闘や男色を好んで『弘法大師の虎の巻』や『賤の男太巻』（美少年である平田三五郎を主人公とし、少年愛の美学について詳細に描いた戦国時代を舞台にした読み物で「鹿児島の硬派書生が明治初年の書生社会にもたらしたほとんど唯一の文学であった」『明治大正図誌 東京（一）』〈筑摩書房、一九七八年〉という）を筆写したり「これと目指した美少年を己れの稚子とするためには、或者は命さへ落す」（前掲『盛り場と不良少年少女』）こともあったらしい。稚子になる事が決まると誓約書を交わしたといい、かなりホモソーシャルな世界だったようだ。

しかし、それもみるみるうちに様変わりしていく。冒頭の記事によると「次第に元気を失って遊惰に陥り、無銭遊興又は無銭飲食を為し、幼年少年を脅喝し、金品を掠奪し、更に変じて硬派なるものの数を減ずると、軟化したものも加わって軟派は増加した」。軟派の稼業はおもに脅喝（通称「タカリ」「パクリ」草間八十雄『近代下層民衆生活誌Ⅱ』〈明石書店、一九八七年〉）、窃盗（通称「ムシル」「ギル」『盛り場と不良少年少女』）、掏摸（すり）（通称「モサ」新堀哲岳『明暗の浅草と不良少年』（北斗書房、一九三六年））、詐欺、女性を誘惑して金品を引き出した後に酌婦に売り飛ばす（通称「ナオンコマシ」同前）などで、女に見向きもしなかった硬派とは大きな違いがある。この後、第一次大戦後まで好景気が続いたことなどから、不良少年たちも美学に生きるより、異性や金など即物的なものへと関心が向かっていったのだろう。

　では「不良少女」はどうか。大正元（一九一二）年一〇月二八日と二九日の二回に分けて読売新聞に掲載された「女学生堕落の経路」では「女子の堕落の原因は多く色情である。勿論今日の有様は男子若（も）しくは友人の為に誘惑せられたものと先天的淫奔な性質の者とある」と書かれている。あたかも、「女子」自身のせいであるかのように読めるが、少女は性犯罪に於いて利用価値が高く、事件に巻きこまれる機会が多いことを前提とする必要がある。不良少年に騙されて私娼になり、恨みを抱いたり自棄になって不良化する経路は、当時の新聞記事に頻出する。それとは別に、恋愛にのぼせて積極的に異性を追いかけたり、不良の雰囲気に惹かれて自ら「不良少女」となって「不良少女団」を組織する者もいる。前述の記事が指すのはこの経路だろう。不良少年に対して「不良少女」は、それぞれの来歴や立場が各自でかなり違っているのが特徴でもあり、面白さなのだが、ここで、明治二九（一八九六）年の莫連女に関する記事をひとつ紹介しよう。

明治期の莫連女Ⅰ

少し長くなるが、当時の記事を味わってもらうために全文を引用してみる。尚、読みやすいよう旧字・旧仮名遣いとカタカナを改め、総ルビを間引き、適宜句読点をつけた（以降の記事も同様とした）。

◎本所四人娘（明治二九年九月七日　読売新聞）

本所の四人娘とて両国辺に隠れなき噂は回向院境内の水菓子屋大林きくの長女お芳（二十年）瓜実顔の容色佳とは行ねど万更南瓜の様でもなく何処か梨の汁の甘味のある女振、次は一ツ目の経師屋の娘糊細工の人形見たようなと人は云えど画仙紙の肌目細かに和唐紙位には踏めるお定（二十三年）お清（十七年）の姉妹、今一人は駒止橋の釣竿屋外山某の長女お豊（二十年）とて此も白魚の色白にはあらねど気前は俎の鯉と云われるは褒められるのやら譏られるのやら分からず。さて回向院のお芳には今年八十になる老父ありて起臥しも自由ならざるに商売の氷も果物も能くは売れぬ。中より母のおきくは朝から晩まで女髪結として精々と立働くと、我儘一杯に育ちしお芳は気の毒とも何とも思わず、母が毎日汗水たらして稼ぎ溜める金を遠慮なく自分のしたいままに持出しては遣い捨てて浅間しく身を持崩せしが、一昨年の秋頃誰の種とも分らぬ児を妊み、翌年五月男児を分娩して信太郎と名付しも、其養育は一切母親に任せて乱行愈々募りしが、同気相求むる仲良の友達駒止橋のお豊もお芳に譲らぬ莫連にて、毎日小劇場の立見を何よりの楽みにして居る内、柳盛座の姉川仲蔵と云に懸想して巾着のある限と打込みしが、所詮その位にて事の足りる筈なければ、遂にお芳と前の経師屋の姉妹四人と相談して毎晩越後から行商に来る縮屋の反物数十反を大胆にも借出し、之を外に転売して各々三四十円ずつの金を得たるに勇み立ち、柳盛座の俳優を芝の見晴亭に総揚して躁ぎ散らすなど娘にはあるまじき放埒を尽くしたる結果は、縮屋より厳重の催促を受けて此事世間に知れ渡れば此迄手の届く限り借受けたる所よりも矢を射る如く攻立られ今は身を置く処なきより四人は又々若干の前借として遠州浜松辺へ旅芸妓に出掛けたれど毬歌位の三味線では芸妓ですと幅を利す訳にいかず、殊に何れも感心せぬご面相なれば抱主も見込み外れて四人の処置に困り、余儀なく地獄同様の勤めをさせんとせしを此ぞ良き機会と四人密かに欠落と出懸けしを鈍くも小田原にて追手に捕われ引戻されて今ぞ思い当る憂目に逢うて居る由を本所松坂町の金貸何某が聞込み、深き企みありてやわざわざ浜松へ行き、談判の末前借を償うて四人を連帰りしは本年六月頃なりしが、斯くを聞く以前の貸方は手分して四人娘の家に押掛け厳しく談じ付くれば、居るに居られず又々逃亡して、其後は何処如何なる里に如何なる事をして居りしや知るものなかりしが、両三日前お芳の姿を駒止橋の釣竿屋で見たもののあるというに、同人の母お菊は悪けれども娘の身を案じ、最誕生も過ぎて愛らし盛りの信太郎の顔を見せもせば少しは娘の了簡も改ろうかと、自分は先頃より大病にて枕上らねば、子伝のお辰というに信太郎を負せて釣竿屋へやりたるに、お芳は一目見るより立腹し折角忘れた頃と思いしに何んで信を連れて来たエエ忌々しい早く連れて帰れと突飛ばし、二階へ上った限り顔も出さねば、お辰は泣泣子を負うて空しく帰れり。又経師屋の姉娘お定は日光街道大沢辺の飯盛に住込みたりというものあれど、お豊とお清は何処に何して居るや分らず、秋風軒を打つ夕に親心如何に辛かるべき。

紙上では一段程度の記事だが、一大絵巻のような壮大な物語だ。とくに冒頭の四人の描写などは講談か浄瑠璃の世界である。両国回向院といえば、通称「振袖火事」として有名な明暦三（一六五七）年の大火の死者を弔うために建てられた寺院で、四年後にかけられた両国橋の東西には市、茶屋、見世物小屋、娼家が並ぶなど、江戸時代から続く盛り場である。記事の主人公お芳の実家の水菓子屋がある境内は、明治四二（一九〇九）年に旧両国国技館が完成するまでの七六年間、大相撲興行があったことが有名だが、明治二一（一八八八）年にはオーストラリアのサーカス団「ウヲジアー曲馬団」が興行したこともあったようだ。さて、主人公のお芳は家業を手伝わず金を持ち出しては遊び歩き、出産しても子供を母に押し付けて出掛けてしまう。仲の良い友人と四人組になって、金がなくなれば反物を売り、大金が入れば贔屓の役者を総揚げにする。そのうち首が回らなくなって芸妓になるも素養がなく、遊女にされそうになって脱出。あれこれあって四人は別れたが今も元気にしているらしい。子供を産もうがお金に困ろうが気にせず我が道を行く莫連女たちの自由さには呆れるよりも感心してしまう。俳優に焦がれて莫連になってしまう女はけっこういるらしく、明治三七（一九〇四）年三月二日付読売新聞にも三重県一志郡に住む西出さい（三三歳）が壮士俳優に血道を上げて知人に嘘をいって借りた衣類を入質し、詐欺罪で検事局送りになっている。

明治期の莫連女Ⅱ

さて、「本所四人娘」より一三年後、奇しくも同じ本所にいま一人莫連女がいた。「本所の高襟莫連」という記事を見てみる。

◎本所の高襟莫連（一）（明治四二年二月六日　読売新聞）

本所区横網町二の十三海軍兵器製造業亀井誓（六十）の二女数代（一九）という花を欺く美人が、去三日水滴る銀杏返の根元からフツリと切落して若比尼の姿と成変れるには、余程の込入った理由が無くてはならぬ

「莫連女を生んだ家庭」

一体父誓と云うは名古屋生れで、元は海軍主計まで勤めて居た男、性来発明の才を有し敷物漆器花瓶など色々の珍奇な品を製作して居る。数代の実母と云うは、丁度数代が三才の時父が下女に手を出したを憤り、自ら同家を離縁して三人の小児を連た儘横浜へ行ったきり今に何等の音沙汰なく、目下連れて帰えられた男児の一人は鴻の台の連隊へ入営して居ると云う事である。而して今は其時の下女

お君（三十）が後妻に直って最う二人も小児が出来、實（七つ）と云うのが家督相続を為る事になって居る。偖て数代は何の為に惜しげもなく緑の髪を切り落したか

「堕落書生を釣て楽む」

一説に依れば情夫に斬られたのだとも云い、堕落の果女優に成ろうとして両親に叱言を云われ「フッ面倒臭い！」と剃刀で撫斬に為たのだとも云う。数代は自ら明治の女侠客を以て任じ、本所辺の若い娘達を駆集めてお山の餓鬼大将を極め込み、何れも水々しい銀杏返に結って銀杏返組と名乗り、一面堕落書生を釣って釣って釣り抜いてウンとばかり腕鉄砲を喰わせては内心大に快を呼ぶと共に、他面是等の雑輩を征伐して居るとも伝えられる。本所深川辺では高襟莫連の数代を知らぬ者なきと共に此娘子軍に就て湧く様な評判である。記者は昨五日午後飄然として数代の宅を訪問した。

該当者の実名はおろか、親の名前、職業、住所すべてを書く記事スタイルは、人権問題や個人情報に敏感な現代では少々面食らう。ともあれ、記事は一種の突撃ルポである。銀杏返しを結う少女ばかりを集めた銀杏返組を率いる数代の家庭にはなかなか

複雑な事情があるらしい。父親が下女に手をつけることは当時そう珍しいことでもないが、それを受け入れずに不良化するというのは、父親の家長としての権威が実質失墜している証だろう。ここまで読んだ限り、単なる不良というよりは、感受性の強い少女が父親の所業から男性全般を憎むようになり、恨みをゲーム感覚で晴らしているように見える。俠客を自任するところは硬派の不良少年のようだが、その理由が異性である「堕落書生」を征伐するためというのが硬派とは逆で独特だ。この「堕落書生」は当時かなり問題になっていた。故郷や父母の期待を一身に背負って未来のエリートを目指すのが書生の本分だったはずが、都会でさまざまな刺激に出合ううちに初心を忘れて遊び歩いたり婦女子を誘惑する者も多かった。この記事は明治的な価値観が中頃からかなり綻んでいたことを窺わせる。「釣って釣って釣り抜いてウンとばかり腕鉄砲を喰わせて」のくだりは講談調で味わい深い。ルポの続きを見てみよう。

「父親も持て余す」

数代は先年両国小学校を卒業したが其後は進んで学校へ入ろうとはせず、三年前から夜な夜な出歩いて、一夜として家の者と睦じく物静かに話合った事などない。厳しく言えば口返答の百万遍優しく出ればへへヘンと鼻先であしらう。之には親も手の附けようがなく只々抛棄かして置くより致方がないので、乱行は益々募る計り。去月廿七日は何うしたものか外出先から黒髪を切落して尼の様な姿で帰って来たので、父親はじだんだを踏んで「情ない事を為て呉れた。其んな男の様な姿を為なくとも事情を言えば何にか為て遣るものを。多分情夫にでも切られたのであろう」と云えば『お気の毒様情夫に切られたが何した？』と噛み附く様に云う。之では親の手には全く了えぬので、父親も恥を忍んで同三十一日夜娘を本所警察署へ突出して懇々と説諭を仰ぐ事にし、且つ婦人が男装しても風紀には関せぬかと相談せし所、構わぬと云われてヤット胸を撫で下して引下ったが、数代は一夜中同署に拘留されて色々と事情を質されても、警官風情に答うる限りに非ずと刎ね付けて一言も口外せず、翌日再び実家へと戻り又しても其夜より飛出し、最う家へは帰らせぬと固く戸締りを為て置けば、棒を以て雨戸をコジ開けて這入ると云う始末なり。父親が斯く語り終ると、奥の間からドタバタと飛出した者がある。驚いたりな銘仙の矢絣に黄八丈の羽織をぞろりと着流しては居るが、見上げると全くの好男子。「頭髪を七分三分」に分けて櫛の目新しくコスメチックの匂がプンと鼻を衝くではないか。記者は呆気に取られて楽屋で役者に逢った様な気で居るとお父さん私の事なら私が弁解します」（ママ）と両親を衝き除けて其処へベッタリ胡座を掻かぬだけが未だしもだ。『さあ彼方へ行って下さいよ。私がお対手となりましょう』と口を噛みしぼってギロリと記者を睨め附けた。成程之が数代かいと此方でも策戦計画を立て直す。『私の事を誰が投書したのでしょう、ハハア判った彼奴だな思て居がれ』と嘯く。『さあ何なりと聞いて下さい。破れかぶれです――』と云う、『髪を切った訳ですか親爺の手前では情夫にやられたと云って居りますがフフン世の中は面白くなって来ますね』云う事が全で狂人だ。烟に巻かれずには居れない。

当の数代、登場である。髪を七三に分けてコスメチック（現代ではチック、ポマードと呼ばれる整髪剤）をつけているところをみると、後のモダンガールのボブとは違って男装のようだが、着流しているのが銘仙の矢絣に黄八丈の羽織とはお嬢さんらしくて微笑ましい。若い女性の男装は「散髪脱刀令（通称断髪令）」が発布された明治初期にすでに見られていたようだ。明治五（一八七二）年の『新聞雑誌』三五号では女性の断髪を嘆く記事があり、「又別に洋学女生と見え、大帯の上に男子の用ゆる袴を着し、足駄をはき、腕まくりなどして、洋書を提げ往来するあり」とある。男の書生に肩を並べようと女だてらに気負う初期の女学生の姿が見えて、いじらしい。それに対

ザンギリ頭に袴をつけた明治の女性。女学生の代名詞となった、後の海老茶袴と違い、男物の縞袴を着用。懐手が勇ましい

し、一般的な男装はといえば、身上を隠すための変装（窃盗、密航、家出、尾行など）や、娯楽（花見の趣向で男装した新橋の老妓が島津侯爵と間違われた珍事もあったらしい）が多かったようだ。飯倉町五丁目の道具屋の女房が「女の癖に散髪（ざんぎり）に成ッて」「印半纏（しるしばんてん）を借り込み股引腹掛（ももひきはらがけ）の勇みな形（な）りで」近所の娘と写真を撮ったり料理屋や貸し座敷で遊んだりしたという話（明治一二年四月一七日付読売新聞）や、監獄を飛び出して男装し友人と吉原に行って遊ぼうとしたところ女であることを見破られ、客にとれないと言われると「皿鉢を叩き壊すやら妓夫の横面を擲（なぐ）り飛すやら乱痴戯騒ぎを始め」て捕まった散髪お粂の話（明治三七年五月一五日付読売新聞）などが出ている。

明治五年一一月、東京府が「違式詿違（かいい）条例」を施行した。今でいう軽犯罪法である。文明開化に伴ってそれまで一般的だった風俗を改める目的を持っており、「違式」「詿違」「小言」に分かれてそれぞれ罰金が科せられた。罪に該当する行為は、立小便、裸で往来を歩く、男女混浴、刺青、犬の放し飼い、落書、暴飲暴食、不潔、遅刻、やせ我慢、塵芥投棄などで、異装に関しては、六十二条に「男にして女粧し、女にして男装し、あるいは奇怪の扮飾を為して醜態をあらわす者。ただし俳優歌舞伎等は勿論女の着袴するの類はこの限りに非ず」と記されている。これに対し、読売新聞投書欄の「寄書（よせぶみ）」には「役者の女形は平常（ふだん）でも女の形（なり）をして頭は楽屋いちょうとかいう髷に結い幅広の帯を〆（甚しいのは振袖を着）往来狭しという了簡で歩行ますが」なぜそれは許されるのか（相撲取りは裸で往来を歩くと叱られるのに）（明治八年五月二九日付読売新聞）という投書が寄せられており、男装や女装に対する関心の高さを窺わせる。

それにしても、数代と両親、とくに父親との噛み合わなさが目をひく。「厳しく言えば口返答の百万遍優しく出ればヘヘンと鼻先であしらう」とあるが、海軍主計まで勤めた父の高圧的な姿勢に対し、口がたつ娘は反発して言い負かしてしまうのだろう。親に敬意を払わない態度に戸惑う父は、思いあまって警察署に連れて行き「婦人が男装しても風紀には関せぬか」などと聞き「構わぬ」と云われる始末（違式の罪は国家的処罰の対象ではないので処分は厳密ではなかったようだ。この場合、父親と同伴だったことで手心が加えられた可能性もある）。ますます娘に馬鹿にされるスパイラルである。しかし、数代は意外にも記者には素直な態度でいる。誰かに話を聞いてほしいようにも見え、根は純朴な少女のようだ。

この後、記者が仲間のお照のことに触れると「突然蒼白になってさめざめと泣き出し」お照の身の潔白を証明するために記者を彼女の家に連れて行く。話によれば、お照は堕落書生に脅迫的に交際を迫られており、数代はそれを助けようとしているらしい。以下、少し引用してみよう。

「男を屁とも思わず」

二葉町十五菓子屋吉川貞一郎（一九）は堕落書生の巣窟で、前記高橋の外加藤小林藤原北爪奥村等の書生が出入し、常に附近の婦女子を誘惑するより、男勝りの数代は昨年八月中同町川端で是れ等の輩を相手取り、血を見る程の大喧嘩をなした事もある。越えて本年元旦には、仲直りの為、且つ今後末永く交際しようと云う口実の下に吉川の二階で彼等と会合し、自棄半分に数代は一升近い酒を呷って虹の如き息を意気地無し男の面に吹掛てやったと云う。其酒宴の席上には、同じく堕落書生の犠牲となった横網町二の十二松浦吉二郎養女お八重（十七）と云う可憐な少女も侍って居た。

「前記高橋」というのはお照を誘惑した書生である。彼等は徒党を組んで菓子屋を溜まり場にしているらしい。単身乗り込んで大喧嘩をする数代の勇壮ぶりはどうだろう。少女たちが頼りに集まるのもわかる気がする。（二）の終わりに「偖て数代が強烈なる恋物語と断髪の謂れは此次」とあるので、二月八日付読売新聞の記事「本所の高襟莫連（二）暗黒なる家庭と社会とが産出せる時代女の一人」を見てみよう。

数代が記者と連れ立って河岸伝いに両国橋辺まで歩きながら言うには、家庭の事情や将来の不安を考えるうちにいっそ女優にでもなろうかと思ったが、菓子屋に出入りするうちに「其処へ集る輩は揃いも揃って不甲斐ない海鼠の様な奴計り」と感じ、「左様だ此銀杏返しを根元から斬て一座の真中へドサリと投出したら何な顔を為るだろう」と思いついた。二階に上がって実行した際、「皆な之だから今後は男の交際を為て下さい」と啖呵を切ったときには清々したとのこと。しかしながらこの数代、実は恋をしたこともあるという。早稲田の商科二年生で浅草松清町謹頼寺の次男、秋田郊一（特に偽名）がそのお相手だが、応じてもらえず落涙した。なお、六日の記事が出たところで新聞社に現れた数代は、通された応接室で記者を睨みつけたというが、「私の事は幾何でもお書き下さい、併しね何卒父母の事やお友達の事は書いて下さいますな」「何を云っても義理ある母でしょう」と言い、「父母が仏頂面を為ないで何なりと私に用を命じて呉れれば私だって喜んで仕事をもし飛歩きも致しません」と殊勝な態度を見せた。また、身の振り方について記者に相談したという。結局は、使用人に手を付けて離婚をしたり、家庭で仏頂面をしている大人が悪いのではないだろうか。まさに「罪は学校及び家庭に在り」（大正二年五月二十七日付読売新聞）である。

明治期の悪少女団

次に、不良少女が集団になった場合を見てみる。

◎芝公園の悪少女隊（明治四四年八月九日　読売新聞）

芝区新網町七十五質商松本興三郎次女お兼（一六）は女愚連隊赤旗組というを組織し同区浜松町三の六大黒鮨事田中長吉次女お酉（一七）同町四の六理髪店倉床事田中善吉長女お八重（一七）等と共に毎夜芝公園を徘徊して美少年の後を追い去月廿七日お兼は芝浦埋立地にて慶応義塾学生某を挑み新堀署の手に押えられ科料金三円に処せられしに懲りず昨今又も同公園に出没するより同署にては注意を怠らずと。

「女愚連隊赤旗組」とは威勢がいい。この記事の三年前、「赤旗事件」が世間を賑わせた。折りから高まる社会主義運動では実力行使を主張する硬派と合法的政権奪取を主張する軟派が対立を続けていたが、明治四一（一九〇八）年六月、二派が集って仲間の出獄歓迎会を開催した際、待機していた警官隊ともみ合いになり、荒畑寒村、宇都宮卓爾、大杉栄ほか一六名が逮捕され、拷問を受けた。その五日後、時の首相西園寺公望は辞意を表明。七月に内閣は総辞職した。この記事の「赤旗組」は美少年を追いまわすだけの他愛のないグループだが、名前の由来はわずかでもアナキズムに共鳴したものか、それとも単に流行語を使ってみたかっただけか。

もう一組、男女混成の不良団を紹介しよう。

◎悪魔の如き少年少女団　腕の文身(ほりもの)は男の名（明治四五年六月一六日　読売新聞）

麻布区永坂町三十八岩吉長男前科一犯平岩治三郎（二十）同区山本町五十九関川小次郎（十七）同区同町五十七田村政吉（二二）芝区三田小山町五前科二犯富貞次（二二）同区白金三光町七十三塚本仙太郎（一七）同区浜松町一の十一石川卯之助（十七）同区中門前町一の十二大島滉(あきら)（二十）の七名は悪少年団を組織し、毎夜各所の縁日を徘徊し年少の男女を捕え、怪しかる所為を働き、去月中より芝区新網町北二水海惣太郎三女お若（一七）同区本芝二の十五川井定次郎長女お粂（十七）麻布区飯倉町五の五十長谷川久吉三女お常（十八）の三人を一味に加え、麻布区新広尾町二の百十木賃宿河本屋事大原お末方へ宿泊させ、去年一七日お粂の情夫なりし麻布区新堀町十五前島鉄工場主人前島久吉二男久平（二二）を脅迫し、金十五円を捲き上げしを手始めに、美人局をやりしこと本村署に知れ、去る八日男女十名を取押え目下種々取調中なるが、犯罪は意外に獰猛なる見込みなりと。尚お前記お常は左の腕に情夫なる芝区白金三光町百三十二前科二犯中井寿雄の氏名を文身し居り、三名の女の莫連さは何ともお話にならぬ程なりと。

三人の少女にはちゃんと父親も家もあるらしく、少年たちに引きずられているようにも見えるが、腕に恋人の名を刺青してしまったとなると後戻りできない感じがある。文末の「三名の女の莫連さは何ともお話にならぬ程なりと」では、記者のため息が聞こえてきそうである。この事件には続報があった。

◎少女団 曙 組捕わる　神社仏閣に眠る　令嬢と見せて詐欺　不良少年が情夫

（明治四五年七月七日　読売新聞）

一昨日午後二時頃三田署の浜刑事が三田春日神社前を巡回中令嬢風の怪しき女を認め追跡したるに芝浦埋立地の土工部屋に這入りたり。

車座の女十人

土工部屋が怪しいと覗けば中には十人の女が車座となり、男も恥かしげの話の最中なり。浜刑事は大(おおい)に驚き、二三同僚の応援を求めて踏込み、麻布区飯倉町五の五、久吉三女長谷川ツネ（一八）同町五の三七、伝吉二女笹井ヨシ（一八）芝区新網町北二番地惣八三女後藤ヨシ（一七）同区浜松町二の三松吉次女梅本トメ（一七）同区本芝二の十六賭博親分貞公事河合貞次郎二女タメ（一七）の五名を取押えたるが、這(こ)はツネタメの両人が姐分となり数十名の乾児(こぶん)を使嗾(しそう)して曙組と称し、同区の白旗組と対抗し居たるものにて、何れも不良少年団の首領を情夫となし、夫れより食物の供給を受けつつありしが、昨今重立ちたる不良青年の検挙さるるより考え直し、自分等が稼ぎに出るようになり。

麺麭(パン)を稼ぐ

ツネは去る五月一日麻布区網代町一、小間物商大貫正重方の店頭より櫛笄簪(こうがい)等九点（代十二円）を掻湊(かっさら)いたるを手始めに、手下を見張らせ四月五日芝区三田四国町二の一、麺麭屋田中仁三郎方に至り、東京電気局の三好の使と称して麺麭五十銭宛(ずつ)七回、また六月十四日同区三田三の畑中鎌吉(はたなかかまきち)方の女中と称し三田三の同商飯島新三郎方より麵麭、洋菓子等数回に十五円を、同二の一、洋傘商丹波屋事成石伊平方より絹張洋傘二本を同十四日には三田二の七、パン屋木村屋に至り同家の得意先なる同町の田中の娘と称して洋菓子類一円五十銭外数十軒にて洋傘其他雑品百五十点（代三百四十円余）の物品を詐取し、商品のパンは自分等一同の常食としたり。

令嬢風に変装

また衣類等は同区浜松町質商森長太郎方外十数軒に入質し、或は令嬢看護婦等に変装して掻浚いを働き居たる事判明し、五名共昨日検事局に送られたるが、此の悪少女等は十四五歳の時より近所の男に嬲られるが嬉しく、縁日に遊びに行きては知らぬ男と手を握り合い、トドの詰りは其儘に帰らず、遂に莫連女となりしというような同じ経歴を持てるが、其の家庭の乱れしが最もの原因にて、今は常に芝麻布辺の神社仏閣の床下を棲家となし居たり。

この事件の曙組の姐分こと「長谷川ツネ」は前に挙げた記事の「長谷川久吉三女お常」その人ではないかと思うのである。名前の表記は違うが、女性名は記事によって漢字になったり仮名になったり「子」があったりなかったりするのは当時よくあることだ。ひっかかるのは住所で、かたや「麻布区飯倉町五の五十」かたや「麻布区飯倉町五の五」ではあるのだが、「不良少年団の首領を情夫となし」というところ、父親の名前が一致するところから同一人物の可能性が高い。驚くのはお常が、前回の取調べからわずか一カ月も経たないうちに数十名の子分を持つリーダーとして指揮をとり、令嬢風、看護婦風と変装しながら自ら子分の食料を調達している点だ。恋人が検挙されたのだから、解散するなり、各々自由にしてもいいようなもののそうはせず、あくまで留守を守る姿勢を見るに、このころ勃興した平塚らいてうを中心とする婦人解放運動など別世界の話のようだ。そんな封建的な面もありながら、ハイカラなパンや洋菓子を常食するギャップも面白い。近代日本に於けるパン食の歴史を『パンの明治百年史』（パンの明治百年史刊行会、一九七〇年）で辿ると、木村屋總本店の木村安兵衛が編み出した酒だねの生地を使ったアンパンが銀座名物として認知され始めたのが明治一一（一八七八）年ごろで、明治二三（一八九〇）年に凶作と米価の値上げによって起こった米騒動を契機に米の代替食としてのパンが一気に広まったという。洋菓子はというと、事件のあった明治四五（一九一二）年にはビスケットもマシュマロもウエハースもシュークリームもエクレアもよく食されていた。神社やお寺の床下に住むお常たちに、調理不要、携帯可能なパンや洋菓子はもってこいだったのだろう。それにしても、記事の冒頭、浜刑事が令嬢風の怪しい女を見つけて追跡、芝浦埋立地の土工部屋に這入って車座の少女達を見つけるくだりなどは、探偵小説の一コマのようである。探偵小説は当時人気で、小酒井不木「明治の探偵小説及び大衆物」(『日本文学講座第七巻』より　新潮社、一九二七年)によると、黒岩涙香が翻訳もので一世を風靡したのが明治二〇年代で、三五、六(一九〇二、三)年から四〇(一九〇七)年近くまでは丸亭素人、菊亭笑庸、榎本破笠、南陽外史らの翻訳小説や、多田省軒、安岡夢郷らの「探偵実話」が人気だったという。明治四〇年前後にはコナン・ドイルの「シャーロック・ホームズ」シリーズが高等学校や専門学校の教科書に選ばれるなどし、耳目を集めたらしい。とはいえ、中里介山、岡本綺堂、江戸川乱歩らが活躍する黄金期はこれより後のことである。さて、事件に戻ろう。実はお常にはさらなる続報があった。

◎悪少女団縊死(いし)を図る　判決を言渡されて泣く(明治四五年七月一〇日　読売新聞)

麻布区飯倉町五の五長谷川文吉長女つね(一八)芝区新網町廿二後藤惣八三女ヨシ(一七)同区本芝二の三河合事川井定次郎二女クメ(一七)の悪少女は、他の婦女子数名を手先きとなし、不良学生及び不良の徒と共謀して悪事を働き、麻布区網代町一小間物屋大貫正重方より物品を詐欺したる外、十数ヶ所にて詐取せる件は、東京地方裁判所刑事第四部立石裁判長係りにて公判審理終り、昨六日つね、よしの両人は懲役六ヶ月、くめは懲役四ヶ月に処する旨言渡しありしが、三人共法廷にて一度に泣出し、看守に連れられ仮監に入りし後、三人共に細帯にて縊死を企て看守に取支えられたるが一時は仲々の騒ぎなりし。

なんとお常が縊死を図ったというのだ。十数カ所で詐取を働き、腕に刺青まで入れた娘が懲役六カ月でそこまで絶望するとは不思議である。変装をしたり子分を養っていたのはほんの遊び、判決を聞いたとたん我に返ったのだろうか。それとも、三人同時に図ったところを見ると集団ヒステリーのような状態になったのだろうか。両方かもしれない。

「曙組」は首領が子分を養っていたが、このように組織だった不良団はどちらかというと少女より少年の指向のようだ。たとえば明治四三（一九一〇）年八月九日付読売新聞に掲載された不良少年団は、首領が入団費をとり、洗濯物のかっぱらいなどで見習いをさせ、やがて箱車や仕事場での窃盗や車の持ち逃げなどをさせるようになるが、どの場合も上前は首領がはねて、残りを団員で分ける仕組みだった。逮捕後も一同規約を守ってなかなか口を割らず記者に「軍隊式掻払（かつはらい）団」と名付けられている。ほかにも明治四三（一九一〇）年三月九日付読売新聞に掲載された「野球団」と名乗る団体は、四八名の団員すべてが自署血判をして誓いを立て、「指輪を盗みたる時は口中に入れより若（も）し他人と言語を交えらるる時は歯が痛む故語る事を得ずと答え多くをしゃべる勿（なか）れ」などと記された「虎の巻」を所持していたという。

ともあれ、警視庁が明治四五（一九一二）年七月七日早朝に不良少年の全（東京）市一斉取締を行ったときは、総勢三四七名が検挙されたらしい。これが「資料の上では、警視庁における不良青少年取締りの嚆矢である」（『警視庁史　明治編』（警視庁史編さん委員会、一九五九年））という。

第二章

大正　洋装の不良少女団

大正時代と不良問題

明治期が上から押し付けられた政策やモラルに翻弄されたとするなら、大正期は左右から、つまり大衆に翻弄された時代といえる。内閣は一五年の間に一二回変わるなど求心力を失い、大衆はロシア革命などに影響された革命思想や、婦人解放運動、労働運動、子供の自由教育主義などのデモクラシー思想に傾いていく。新聞や雑誌が世論を代弁し、デパートや映画館、カフェー、ダンスホールなどの娯楽が発展。第一次大戦の好景気は工場労働者、学生、サラリーマン、それらを目当てに集まる商人らを都市に大挙させ、私鉄は東京西南部へと路線を伸ばした。しかし、栄華は長くは続かない。ベルサイユ条約による大戦終結の翌年に戦後恐慌が訪れ、その三年後には関東大震災がやってきた。東京は焦土と化し、犠牲者は一〇万人を超えるなど未曾有の大惨事となった。これにより、隅田川沿いの橋が鉄橋に代わり、デパートは続々と銀座に進出、カフェーなどの娯楽施設は大阪の業者が押し寄せ、さらにどぎついサービスに明け暮れることになる。

この時代、不良文化が花開く、といっては語弊があるが、種類、量ともに飛躍的に増えたといえるだろう。それはそのまま彼らの行動範囲が広がったことを意味する。「文部省年報」によると明治四三（一九一〇）年に五パーセントだった高等女学校への就学率は、一五年後の大正一四（一九二五）年には五倍に跳ね上がり、同時に女子の尋常小学校卒業後の就学率はほぼ一〇〇パーセントとなっている。目新しい娯楽も増え、これまで以上に世間を騒がすことが多くなった不良少年少女は、社会問題としてことあるごとに取り上げられ、有識者はこぞって原因を分析し、対策を練った。当時いわれた若年層が不良化するおもな原因は、家庭内の問題、社会構造や経済情勢、映画やカフェーなどの文化的影響などだったが、それ以外にもさまざまな説があり、不良の大量発生に大人たちが右往左往していたさまがよくわかる。

文界の不良少年団

大正元年には既に不良団のパロディのような団体もできている。その記事から紹介しよう。

◎化物（ばけもの）の正体見たり　文界の不良少年団（大正元年八月二三日　読売新聞）

近頃少年作家五六人の発起で文壇の一隅にモンスター会と云う新団体が出現した、文芸の革新とやらが目的だそうで時折は主義遂行の一手段として示威運動をも遣るのだそうだ、而（そ）して会員は例の尾竹紅吉、物集和子、帝劇女優の佐藤はま子、有楽座出勤の三保まつ子など云う連中である。▲抑（そもそ）もこの発議者は博文館演芸倶楽部の生田蝶介と慶応文科出身の植松貞雄とで、外に小沢愛圀、松本泰、国枝史郎、服部搭歌なども主立（おもだ）ったものだそうな、で、連中は此の月初に小石川の植松宅で第一回の相談会を開き文壇の革新と文士の位置を高めるための方法に就て擬議したと云う、お待兼（まちかね）の機関雑誌「モンスター」は来る十月から出る。▲主義や抱負は至って結構だが主義遂行のために行う彼等の示威運動なるものを聞くに所謂不良学生輩と其選を同じくして居る、彼等は予め日時、場所を約し或は劇場或はカフェーに出入し自己に悪意ありと睨んだ男女を殴るのだと揚言して居る▲で会員一同は緋羅紗で会名の頭文字Mを打抜いたものを羽織なり外套なりの裏に縫付け一旦事ある時にはそれを示し合うのだとジゴマのZと同じく仲々物騒な話だ▲発起人側では二女優は勿論紅吉や和子も入会したし追っては田村俊子や平塚明子などにも加入して貰う筈だと言って居るが和子の話によると博文館に出ている兄悟水を通じ入会の勧誘は受けたが未だ何ともお答えをして居りませんとのこと、又まつ子は文学を解する程度の女とも思えぬが稼業が稼業だけに断り切れず余儀なくお仲間入りをさせられたものらしい、当人は相談会には参りませんでしたと言って居った、偖那工合で女連の多くは仮令勧誘を受けても逃げて了うらしく、或る弱点を持ったものの外は承諾せぬらしい。▲名物女の紅吉は昨今肺を病んで茅ヶ崎の南湖院に居るから彼女の思惑の程はチョト知難い。

尾竹紅吉、物集和子、平塚明子、田村俊子など婦人解放運動の先鋒『青鞜』同人たちの名前が出ているのが興味深い。「例の」といわれている尾竹紅吉こと尾竹一枝は一九歳で『青鞜』に参加。男物の着物を着こなし、平塚らいてうこと平塚明子と淡い恋をしたりと奔放にふるまってアイドルとなった。が、『青鞜』の広告を取りに行ったバーで五色のカクテルを飲んだこと、女の職業の暗部を知るために吉原に行ったことなどがセンセーションを巻き起こし、わずか九カ月で『青鞜』を辞した。「モンスター会」の件では紅吉自身のコメントは一切ないにも拘わらず「名物女」などと書かれているのが気の毒だ。それにしても、男性陣の盛り上がりに比べて女性陣が一様につれないのが面白い。この記事は五日後に続報が出た。

◎モンスター会とはま子（大正元年八月二八日　読売新聞）

モンスター会の記事に付帝劇女優佐藤はま子の父徳太郎より「愚娘はま子がモンスター会とか申す会員のよう記載有之候に付本人に質し候処本人も大に驚き何人かの悪戯なるべしと申居候（中略）人様に御迷惑御掛け候う会に関係致し候とありては職■柄差支も多く旁々監督者として其儘には捨置難く候間該当記事御訂正下され度候」と申込ありたり。

はま子の実父より候文の訂正要請である。人気商売の女優は庶民の意識に敏感でなければならない。当時、不良少年少女問題が一般市民にとってただのシャレでは済まないことがわかるエピソードである。それにしても、記者自らは記事を訂正せず、訂正要請を掲載するに留まる新聞社の姿勢が気になる。

不良化の原因Ⅰ　悪いのは上流、下流？　それとも中流？

不良化の原因として当時さかんにいわれた、家庭内の問題から見てみよう。前章に挙げた「本所の高襟莫連」は、父親が下女に手を出してそのまま後妻にしたという話だったが、このような例は枚挙にいとまがなく、継子いじめも頻々とあった。大正五（一九一六）年八月五日の国民新聞の記事「不良少年五十余名　彼等の多くは継母を持っていた」では刑事二〇名で浅草公園にて浮浪少年狩りをしたところ五〇余名が検挙されたとのことで、彼らは乞食、泥棒、掻浚などをし「親分」に盗んだ物を売って小遣いにして映画を観るなどして「夜は公園の便所やロハ台へ眠って巡査に追い廻わされて居」たというが「斯うした生活の哀な子供を一々調べて見ると元よりの乞食の子でも無い泥棒の産んだものでもない何れ（いず）も夫々（それぞれ）相応の親を持って居るのである、茲に驚く可（べ）きは五十余名の浮浪子供中其三分の一が、継母の手に掛った者であると云う事である」とある。「芝金杉町百二十村武千代（一二）の如きは家は立派に暮（なさ）して居るにも拘らず先月家出して公園の浮浪の群に投じて終（しま）った、即ち千代の母は生ぬ仲なのである、〔お前は地上や便所の中で寝て食うに困り乍らも家へ帰りたいと思わぬか〕と云われて〔俺らお母さんが怖いんだ〕と云って実家へ帰ろうとはしない。何れも継母の子は同じ様な返答であった」。

　厚生労働省が公表する「離婚件数及び離婚率（人口千対）の年次推移」を見てみると、明治三二（一八九九）年の離婚率は一・五三（六万七千件）で、大正九（一九二〇）年には〇・九九（五万六千件）、昭和一〇（一九三五）年には〇・七〇（四万九千件）となっている。それ以前、江戸時代から明治前期にかけての日本は、欧米に比べてかなり高い離婚率だったが、明治三一（一八九八）年の民法施行により、手続きの煩雑さを懸念してか減少傾向にあった。ではなぜこのころになって継母継子問題が浮上したのか。

大正八（一九一九）年六月四日付読売新聞の記事「時を得顔に活動する良からぬ少年少女は大抵上下の家庭から　中流の家からは比較的少ない」をひいてみる。「不良少年少女を分って二つにすることが出来ます、一つは社会の上流階級の家庭から出たもの、今一つは下層階級から出たもの」「先日の如き十五六の少年（名は云われぬが）芸者屋に遊んだ所を検挙したなどの実例もあります。是等の家庭を調た結果は十五六の少年にして芸者、女優に心を奪われる等の早熟者は皆上流家庭に多く、そして継母の家庭が一般に多い。欲しても得られぬ愛情、母の慈愛を他に求め様として過ったものであるが遊里に足を向けるのは家庭が豊かで金銭が自由に使用される故である」。確かに不良団を捕まえてみたら良家の子弟がいた、という事件は多々あった。たとえば大正九（一九二〇）年一二月二三日付読売新聞には「良家の子も交る黒手組」として「麻布六本木署では本月十三日から麻布区を本拠とし市内各区を荒し廻る不良少年団の検挙に着手し廿二日迄に八名を検挙して目下取調中であるが同団は黒手組と称し団員の数極めて多く犯罪の種類は婦女誘惑、窃盗、掻浚、追剝などで被害の程度広いらしく其筋では極力取調を急いで居るが捕えられた不良少年の中には同区名家の子弟もあり事件は絶対に秘密に付せられて居る」という記事が出た。堂々と「絶対に秘密に付せられて居る」という記述にも驚くが、当時は金の力で事件をもみ消すこともよくあった。同じように「資産家の坊ちゃん実は小桜団長」（大正一一年七月二九日付読売新聞）という記事もある。これら「資産家」や「良家」が具体的にどんな家なのかはわからないが、明治大正期が大「成金」時代であったことは指摘できる。

「成金」とは、もともと敵の陣地で成って金将と同等になった「歩」をさす将棋用語である。これが流行語となり戦争成金、船成金、株成金、鉄成金、結婚成金というように、急速に富裕になった人をさかんに「成金」と呼んで揶揄した。「成金」が次にすることは階級を買うことである。零落した華族の令嬢と結婚したり、逆に「資産家」の令嬢が名家に嫁ぐなど、打算的な結婚も相次いだ。金さえあれば下克上もできる、そんな世相を肌で感じた子供たちが拝金主義的な人生観を持つのは、ある意味自然な成り行きといえる。なお、大正一四（一九二五）年二月一日付東京日々新聞には「不良児の楽園　東京　諸国から集った八百名中流家庭の者が多い」という記事がある。これはそれまで検挙した満一五歳から二〇歳までの不良少年少女を分析した結果で「富豪とまではいえぬが財産十万円以上の家庭のものが十四名もあり一万円以上の家庭の子女卅三名もふくまれている」「ここに最も考えねばならぬ事はだらしない放任主義を奉ずる家庭の空気が不良児八十二名を出している事だ」とのこと。地方では中流家庭も問題だったらしい。

上流階級、中流階級、下層階級それぞれに事情は違えど、とかくこの時代は「母親と子供との繋がりが離れて来た」（大正八年三月一四日付読売新聞）、「近来は親子の情愛が昔に比して冷静に成っている」（「女学生堕落の径路（下）」大正元年一〇月二九日付読売新聞警視庁捜索係長山本清吉氏談）と嘆かれた。

では、両親は子供を無視して何をしているのか。時代は下るが大正一四（一九二五）年七月二〇日付大阪朝日新聞の「不良児をつくる環境」にはこうある。「わが児の教育といえば一切学校まかせ、母親に女性の社会的解放とか、社会的更正とかの花やかな議論につりこまれ、何の用意もなしに街頭にとびだし、意義も効果もない家庭外の会合に虚栄的にとびまわったり、半日お化粧についやす暇があっても、また父親に、待合あそびや、妾ぐるいをする暇があっても、児どもと一緒にあそぶ暇はなく、児どものことといえば一切家庭教師や女中まかせにするを名誉とする所謂良家や華族

大正時代の銀座の風景。洋装と和装が入り交じって華やかな雰囲気（毎日新聞社）

の家から抜群の不良児をいだして、自らおどろき、世間をおどろかすのはよくあることである」。時代の空気に乗せられて女性解放運動の真似事をする母親を痛烈に皮肉っている。大正期は、「赤瀾会」（大正八年結成）、「新婦人協会」（大正一〇年結成）、「東京連合婦人会」、「婦人参政権獲得期成同盟（婦選獲得同盟）」（大正一三年結成）、「大阪職業婦人連盟」（大正一五年）など婦人運動に関する団体が続々とでき、頻繁に講演を行って女性たちを集めた。しかし、婦人運動に走るのはいい方で、化粧に身をやつして「今日は帝劇、明日は三越」（百貨店の三越が帝劇のパンフレットに載せた広告に使用したキャッチコピーで、花の都東京を象徴する秀逸な文句として席巻した）と出掛ける母親も多かったのではないだろうか。当時は、映画、オペラ、展覧会、音楽会、頻繁に催される博覧会など娯楽に事欠かず、旧来からある茶の湯や花や琴などに加え、洋楽器、合唱、ダンスなど婦人向けの習い事も豊富だった。つまり、目新しいレジャーや思想に翻弄された大人は、自分のことで精一杯だったといえる。

では、子供をただ構えばいいのかというとそういうわけでもない。「少年少女の悪くなるは母親に責任がある　親の不注意の怖しき結果　原胤昭（たねあき）氏の趣味ある経験談」（大正八年三月一四日付読売新聞）では、母親の不注意を子供の成長段階に分けて解説し、小学校時代には「母親が自分の型を子供に嵌めて造り上げようとすること」が、その後は「母親が少しも青年の心理を理解してやらないことで、矢張り少年の儘に取扱おうとする母親の頑迷な心」が悪いと指摘している。同じような意見として「無邪気な子供から不良少年になる迄（一）家庭を子供本位にして　子供の本性を自然に導く事が肝要　警視庁警視　郷津茂樹氏（講演）」（大正一〇年九月一四日付読売新聞）には「元来我国の家庭は老人本位主義であるために子供の充分な活動を妨げているのですが将来の家庭は是非子供本位主義にして頂きたいのであります」というのがある。子供本位主義とはずいぶん極端な意見のようにも見えるが、実はこれは大正前期ごろから始まった自由主義教育に与みした発言である。子供の自発性、創造性を重視した自由主義教育は、成城小学校（大正六年創立）、文化学院（大正一〇年創立）、自由学園（大正一〇年創立）、明星学園（大正一三年創立）といった学校を誕生させ、『少年倶楽部』『赤い鳥』『令女界』など子供向けの雑誌や童謡、舞踊を生み出した。小さい頃から個性を伸ばし、自主独立の精神を養うことで健全な子供になるという考え方だが、これらの学校に通えるのは中流以上の子女だろう。ちなみに、「無闇矢鱈（むやみやたら）に溺愛した子供もその（不良化：筆者注）原因になっている」（前掲「不良児の楽園東京」）や「可愛がり過ぎたこと及び学校を断念させきらなかったことなどが斯うした結果（筆者注：犯罪）を生んだのです」（「斯うした家庭に学生殺しの不良少年　可愛がり過ぎた父兄の慈愛に溺れたため」〔大正一二年二月二七日付東京朝日新聞〕）という記事もあった。

この状況を、九州日報（後の西日本新聞）の記者だった杉山萌円（夢野久作）は「東京人の堕落時代」（『夢野久作全集2』〔筑摩書房、一九九二年〕初出：九州日報、一九二五年）で、理詰めの禁欲論が不良性を押さえつけられないと悟った学校や社会が、急遽正反対の自由尊重に方針転換したと述べ「何事も子供のためにという子供デーなぞが行われた。〔子供を可愛がってください〕というような標語が珍しげに街頭で叫ばれた。それまではまだ無難である。尋常一年生位が遅刻しても、〔まだ子供ですから〕

という理由で叱らない方針の学校が出来た。大抵の不良行為は、〔自尊心を傷つける〕という理由で咎めない中学校が出来始めた」と書いている。親や社会の混乱ぶりが見えてくる。

なお、このほか不良化の原因として考えられた珍説は、

▼遺伝説「遺伝中最も恐る可きものは酒毒の害で子供が母胎に宿る際に両親の中何れかにアルコールが作用しているとその子供は十中八九迄精神薄弱者たるを免れません」（前掲「無邪気な子供から不良少年になる迄」）。なお、現代に於いて胎児性アルコール症候群（Fetal Alcohol Syndrome = FAS）は個人差があり一概に障害が出るといわれてはいない。

▼身体的病気説「私が親しく接していた少年犯罪者の中で、容貌からいっても知識からいっても犯罪を行うような子供でなかったので（ママ）。深く調べて見ると、幼時に胸辺（あたり）に傷■て、内臓が一方に偏（へん）しているのを見出して、漸（ようや）く病的に犯罪が行われたのだということを知りました」（前掲「少年少女の悪くなるは母親に責任がある」）

▼買食い説「平均細民の子供が一人当り九銭五厘の小遣でチョボ焼、太鼓饅頭等の買喰いをしてその結果種々の不良性を帯びつつあることが分る」「子は買喰が十分できないときは盗み喰にはしり又金を盗んで買喰をする」（「買喰は身を喰う」大正一四年

三月一〇日付大阪朝日新聞）

などがある。

前掲「東京人の堕落時代」に杉山萌円はこう書く。「世間がだんだんと世智辛くなるのは、大昔から今日まで引きつづいた事である。その中でも最も早く世智辛くなる処は、何といっても東京であった。田舎の人々が都会へ都会へと集る傾向は、一層この状態を甚だしくした。女子供でも遊んでいられなくなった。親子兄弟の間でも、個人主義にやらなければやり切れなくなった。外国から輸入された思想はこの傾向をいよいよ高潮さした。日本の教育＝忠孝仁義を説きながら、実は物質万能、智慧万能を教える日本の教育当局の方針も、この思想を益底（ますます）深く養い上げた。日本の女子供は、非常に早くから、生活とか権利とかいう言葉の意味を知るようになった」と。

不良化の原因Ⅱ　映画を真似る少年、出たがる少女

文化による不良化の影響を見てみよう。単一の映画作品でもっともインパクトが大きかったもののひとつはなんといっても『ジゴマ』だろう。『ZIGOMAR』はレオン・サージー原作、ヴィクトラン・ジャッセ監督のフランス無声映画で、主人公の怪

盗ジゴマが悪事の限りを尽くすアクションスリラー映画である。一九一一年に封切られ、全国的に空前の大ヒットを記録した。その熱狂ぶりを大正元（一九一二）年の一○月五日付東京朝日新聞に掲載された「ジゴマとは何ぞや　活動写真の映画に現れた犯罪鼓吹熱」ではこう伝えている。

「去年の暑い夏も過ぎて、節冷涼の秋に入ろうとする頃、浅草の活動写真街に踏み込んだ人々は、金龍館（きんりゅうかん）前のアクどい絵看板の中に、「ジゴマ」の三文字を発見した事と思う。「仏国レオ、サージー氏作、巴里ル、マタン新聞所載」と割書（わりがき）して、中に大きく太く、「ジゴマ」と書き、左の下に「仏国レクレア会社製造、日本福宝堂最新輸入」と記した看板を見た時、人々は如何に驚異の感に打たれた事であろう、「ジゴマとは何だろう」が、それからそれへ伝わって、金龍館は大入客止の好景気。鳴物囃子入の旧劇物に飽き、声色入の新派物に飽き、風景物に食傷し、奇術物に満腹して居た活動写真狂は、甘い砂糖の一片に群がる蟻の様に、皆この「ジゴマ」の中に吸い込まれた、ジゴマ！　ジゴマ！　この位面白い物は見た事がない、と一人唱え二人伝えして、遂に日本に於ける活動写真の最新記録を作る様になった。「ジゴマとは何だろう」が、「ジゴマとは大泥坊だ、仏蘭西の大盗賊だ、巴里に出没した強悪非道の大罪人だ」と、判る様になったのは、それから一月ほど経てから後の事である、同時に「巴里の新聞社の懸賞に当選した小説で、事実は悉くこの世界に有り得べからざる架空の想像を、写真に脚色した」次第が判った」

映画は浅草だけでも一〇館余りが上映、その後も『日本ジゴマ』『ジゴマ改心録』『ジゴマ大探偵』『新ジゴマ』『女ジゴマ』『悪魔パトラ』『ソニヤ』など国産映画、類似映画が続々と制作上映され、ノベライズや探偵小説に仕立てたものも出版された。前記の記事には『ジゴマ』が「凡そ世の中の有りとあらゆる厭な奴の代名詞」として流行語になったとも記されている。大人から子供まで（江戸川乱歩は『怪人二十面相』の発想の原点とし、伊丹万作、寺山修司は映画制作を決意したという）夢中になったのだから、不良少年が影響を受けないはずがない。封切りの翌月、早速「ジゴマ関西に現る　列車内に婦人に暴行」（大正元年一一月二日付読売新聞）、「ジゴマ式兇漢の出没物騒な大久保　怪しき男婦人を襲う　市内に現る」（大正元年一一月一〇日付読売新聞）という記事が出、翌年にも「ジゴマの化物　浅草鳥越座に現る」（大正二年四月一一日付読売新聞）が出た。どれも「現る」とあり、神出鬼没感がよく出ている。しかし、これらは実は新聞が勝手に付けたあだ名である。自ら名乗った団体としては、針工場から真鍮地金二〇〇円分、新宿管内の寺院三十数カ所で真鍮や鉄鉛管一〇〇〇円分余りを盗んで売っていた「ジゴマ団」の事件（当時、浮浪児などを中心に鉄や真鍮を盗んで売る事件が多発していた。（大正五年二月二二日付読売新聞））、赤坂溜池の映画館葵館で『笑の面』という映画を観た一六人が「笑の面組」または「少年ジゴマ団」と名乗り、それぞれ大佐や少佐、ケネデー、ジャックなどと名前をつけて掻浚いなどを行っていた事件（大正六年一二月三〇日付読売新聞）があったようだ。「笑の面組」は九歳から一四歳の少年たちだが、映画を観てすぐに実行するところが子供らしい。

先に「良家の子も交る黒手組」という記事を紹介したが「黒手組」とは所謂ブラックハンドのことである。喜多壮一郎監修『モダン用語辞典』（実業之日本社、一九三〇年）でブラックハンドをひくと「黒手と訳す。イタリーの不平党は秘密結社を作って復讐をこととしたが、その仲間の表徴として黒手マークを用いた。それ以来悪党陰謀団の意味となった」とある。彼らは「La Mano Nera」と名乗る実在したイタリア系移民のマフィアだが、特定の団体の名称ではなく複数が騙っていたようだ。一九一〇年ごろから二〇年代ごろまでニューヨーク、シカゴ、サンフランシスコなどに住む成功した移民たちを脅迫したことで知られ、テノール歌手エンリコ・カルーソーも脅されたことがあったという（これとは別にセルビアでも「黒手組」と名乗る秘密組織があった。セルビア民族主義を信奉する団体で一九一一年に結成されたという。さらには幕末の日本に「長州黒手組」と呼ばれる工作団体もあったようだ）。どうやら日本でもこれを真似

浅草六区の賑わい。各劇場は幟をいくつも立てて観客を誘った

るのが流行ったらしい。大正二（一九一三）年三月二一日付読売新聞では銀行員が黒手組と署名した脅迫状を受け取ったことを伝えているが「活動写真及(および)新聞紙の記事等に依りて其の方法と黒手組という如き名を覚えツイ出来心にて真に金を欲してなす者や戯談(じょうだん)に試みる者を生ぜる結果にして決して組織立ちし団体の有るべきにあらず」とし、見出しも「黒手団は存在せず」と断じている。しかし、一カ月半後の五月三日に「脅迫者逮捕」の報が来る。黒手組を名乗り「浅草公園瓜生岩子銅像前に新聞紙に五十円を包み置け」という手紙を書いて捕まったとのこと。被害者は「精工舎時計工場監督」、三月の事件とは違うようだ。六月二一日付読売新聞には「盗人の置手紙　黒手組の一人なりと云う」という記

事が出る。浅草公園で不審な男を引致し取調べたところ「黒手組の群に投じ窃盗脅迫掻溌い等の善からぬ事のみを働」いていた由。同名のまた別な団体だろうか。そしてその九日後の三〇日、「再び安田邸を脅迫　黒手組五十円を強請」が出る。被害者は安田財閥を築いた安田善次郎で「安田は貪欲にして飽く事を知らず慈善事業に寄附したる事なければ慈善事業に投ずる為め金五十円を明日午前十時下谷池の端弁天堂に差置べし置かざれば一家鏖殺すべし」という意味の脅迫状が届いたらしい。「再び」ということは二度目とみえる。犯人は世直しを気取っているのだろうか。翌年一二月には投獄中の陸軍二等主計正の留守宅に「三多摩黒手組鉢巻市助、神敷行雄、八幡敬」名義で銀行預金を分配しろという内容の脅迫状が届き、その後も大正四（一九一五）年二月二日付読売新聞に「黒手組の一団　名門お子弟賊を働き市中を横行す」、大正一〇（一九二一）年一一月一一日付読売新聞に「男女学生を脅す　黒手組」と出るなど「黒手組」の犯行は続いた。紹介しただけでも八年にまたがっており、逮捕者の名前や地域が一致しないところから、一大ブームが巻き起こったと考えて差し支えないだろう。このブーム、前掲記事に「活動写真及新聞紙の記事等に依りて其の方法と黒手組という如き名を覚え」とあるが、映画『黒手組の末路』（一九一五年）など、その名が付いた映画はいくつかある。江戸川乱歩の小説『黒手組』は一九二五年発表なので事件より遅い。

少女における映画の影響は、作品そのものに感化されるというよりは、女優を夢見たり、役者に夢中になったりすることが多いようだ。当然ながらそう簡単に事は運ばず、犯罪に足を踏み入れたり不良仲間に入ったりすることになる。

◎不良少女の揚句（あげく）が手の長い女中　活動写真から役者へ（大正六年六月一一日読売新聞）

山形県生れ目下府下北豊島郡神代村字深大寺七七九相田エイ（一七）は、幼少の頃より手癖悪しく、幾度か其筋の手を煩わせしが、其都度（そのつど）未成年の故を以て釈放されしを奇貨とし、爾来不良少女の群に入り諸所の活動芝居見物等に入浸り居る内、田舎廻りの役者に夢中となり、金に窮する所から去二日西大久保四一六陸軍歩兵少佐佐藤某方に奉公に到り、目見得中衣類現金共三十円余を窃取し逃走したるを、九日夜十時頃新宿署の手に捕えられ、岡本警部補に引続き取調べを受けて居ます。

明治時代にもあった役者狂いのパターンである。「諸所の活動芝居見物等に入浸り居る」とあるが、映画館のなかは不良の巣窟だった。前掲『村嶋歸之著作選集　第2巻　盛り場と不良少年少女』に彼らの手口が詳しく載っている。曰く「なお活動写真館などに同伴者もなく観覧している少女に対しては、隣席に座を占めて之にさわる。さわられてじっとしている女性なら命中率は十分だというのである。これを「サワリ」と云う。又隣席にあって何かの話口を見付けて話しかける。これを「ハナシ」と云う。又ラヴシーンのクライマックスに達した時など、昂奮状態にある彼女の手をぐっと握る。これを「握り」と云う」。ひっかかった少女は不良と関係することになり、それをネタに脅されて家から金品を持ち出したり遊里に売られたりする。記事の相田エイも、映画館に入り浸っていたら役者に入れあげなくてもじきに同じ羽目に陥っただろう。

映画女優に憧れる少女にはこんな罠も待っている。

◎女優募集で釣って七千人の娘を弄(もてあそ)ぶ　聞くも怖ろしい其の犯行　新聞広告の扶桑劇社（大正一四年八月五日　読売新聞）

下谷区上根岸一〇青森県生れ前科二犯岡部義夫（四八）は大正七年から同所に

堂々たる一戸を構え扶桑劇社と云う看板を掲げ地方新聞に女優募集の誇大な広告を掲げ、応募して来る女優に表情は性を解する者でなくては出来ないと称し片端から暴行を加えたが、其等女優志願の女たちの多くは親に反き又は国元を飛び出して来たような娘なので、不本意乍らも身を任せ銘酒屋或は遊郭に売り飛ばされたが二十五日岡部は遂に阪元警察の手に捕えられ犯行を一切自白したが大正七年以来七千余名の処女を弄んだと豪語して居るが、事実広告に釣られて来た虚栄の女は日に十名に及ぶ事もあり、是等が悉く別室で弄ばれたと云うには警察も呆れて居るが、彼が此の資金を得るのは最初同家の事務員を志願した府下八王子一二六三岡村才五郎（四〇）から保証金として五百円を詐取したのが始めて、余は女から捲き上げたものだと、因に其の弄ばれた女達の名は悉く名簿にあって一冊子をなし到底書き尽くせぬ程の多きに達して居る。

芸能人にしてあげる、という甘言で少女たちをだましていかがわしいことをする犯罪は今もよく耳にするが、大正時代からあったようだ。「表情は性を解する者でなくては出来ない」というイカサマ論理もありがちである。しかし、「多くは親に反き又は国元を飛び出して来たような娘」とはいえ、被害者たちを「虚栄の女」と決めつけているのは気になる。現場である「扶桑劇社」は大正七（一九一八）年から開いていたとされ、翌年には日本の映画女優第一号といわれる花柳はるみがデビューした。松竹キネマが創立されたのが大正九（一九二〇）年、この年「映画芸術協会」が誕生して「活動写真」は「映画」と呼ばれ、栗島すみ子、梅村蓉子、川田芳子、水谷八重子など錚々たる女優が活躍した。まさに時を得た事件だったことがわかる。映画女優に憧れてとんでもない方向へ行ってしまった少女は昭和になっても存在したが、これは次章で紹介する。

これより二カ月前の大正一四（一九二五）年六月一五日に同じく女優志願の少女を取り上げた読売新聞の記事があるが、こちらはずいぶんトーンが違う。聯合映画芸術家協会が久米正雄や畑中蓼坡などを審査員に据え映画女優採用試験を行ったというが「さすが芸術映画を標榜して立った団体だけに女優志願の顔触れにもなか〳〵変わったのが集まった」といい「予選に通った三十余名の履歴をちょっと通覧しただけでも、そのほとんど全部が高等女学校ぐらいは卒業して居るし、中には女大中途退学、日大卒業、東洋大学社会科独逸文学科卒業同専攻科在学中と云ったすばらしいのが二人もいるといったわけでこう云った連中の試験答案には堂々としたものが多く映画に対しての理解なり主張なりも手に入ったものである」「応募者中の殆ど全部が報酬なんか問題にしていないと云う点からみても中流家庭の相応な所が多いらしく、年齢は十六位から二十三四歳が大部分を占めている。それからマキノ、松竹、小笠原などのスタジオに一時籍を置いたことのある連中も五六名あり、小さな劇団やオペラに出演したことのあるものも二三名、それに松旭斎天華（しょうきょくさいてんか）一座で奇術やオペラをやった事があるという二十一歳の女が一人いる。変りだねとしては今映画界に時めく五月信子の妹前川公さんが、こっそり志願して来て高田保氏に見破られたり今は廃業しているが曾て新橋芸妓をしたことのある女も一人あって異彩を放って居る」とのこと。なにやら華々しくてけっこうな話だが、同じ女優になりたがるのでも一方では「虚栄の女」と書かれ、一方では芸術を指向する志の高い女性のように書かれるが、学歴の違いは置くとしても、実際には情報量の多寡の問題の方が大きいのではないか。そう考えるとせつない話だ。後者の記事の「応募者中の殆ど全部が報酬なんか問題にしていない」などというのも小賢（こざか）しいプチブル根性に見えてしまうのはわたしだけか。

不良化の原因Ⅲ　浅草オペラの殿堂、金龍館と少女

それはさておき、映画ではなくオペラに血迷ってしまった少女もいる。

◎不良少年と不良少女（五）女医を志願して遂に歌姫に　淪落の弁護士の娘（大正一〇年五月二五日　読売新聞）

大阪堂島に弁護士として令名を駆せて居るH法学士（姓名は特に秘す）の家庭にK子と呼ぶ愛娘があった、彼女は上京しお茶の水の女学校に入学して、バンドのマークのそれの如く、蛍雪の功を積まんと日夜勉学に耽って居たのであった、がそれは人間の誰でもが持つ空想的な希望の一つに過ぎなかった、其後の二年の間に都の荒んだ風は彼女を学校を捨てさせてまで公園のオペラを愛好させずには置かないものがあった、斯くて彼女は全国の子女が憧憬の的であるお茶の水女学校を退かなければならなくなってしまったのである。父の激しい怒に触れて大阪に引戻されたK子は父の膝下から府立梅田高等女学校に通うこととなって一昨年三月辛うじて同校を卒えることが出来た、そして彼女は再び上京の上、吉岡弥生女史が経営する女子医専に入学したのである——がオペラは矢張り見ないでは居られなかった。一箇年を経た昨年の三月K子は四箇年の課程の半を修了して又候女子医専を退学してしまった、そしてそれなりK子の消息は絶えた…………………………。

水曜日の晩である。記者が三度足を浅草公園に踏み入れて一通り不良児の物色を終っての帰途、例に依て金龍館の客席に這入るとステージの上手（かみて）コーラス・ガールの一団中にゆくり無くもK子の姿を見出した、K子は遂に全く学業を捨てて好める道に走ったのである――彼女のオペラに対する興味は遂に観衆として興を感ずるだけでは物足らなくなって居た、斯くと聞いた父は極力彼女を諭して其希望を捨てさせる為めに努力したが大地を割って萌え出でんとする草の芽にも似たK子の望みの光りは、如何ともすることが出来なかったのである。

　結局K子は勘当され放逐された、そうして彼女に残された唯一のものはただ華やかな舞台姿の幻影のみであった――そして彼女は今歌劇俳優中の硬骨漢（こうこつかん）TM氏の懇篤（こんとく）なる保護の下にコーラスガールとして本年の正月から金龍館の舞台に立って居る。K子の年は廿歳である。本名も芸名も委（くわ）しく知っては居るが彼女の捨鉢な芸術至上主義の蔭に泣く三輪田女学校在学中の妹の為めに特に記載せずに置く――が金龍館を去ろうとした折から、楽屋を訪れた二人の学生があった、彼等は一様に名刺を出して楽屋方に取次ぎを依頼して居た。そして一人の学生は『小野長籌の事に就て是非とも△△さんに会ってお願いし度いことがありますから』と云って居た。名刺には早稲田大学理工科採T冶金科学生と肩書して（二人とも）

今〇某、福〇某と記してあった。そして彼等両名の学生の用件というのは磐城国平の飲食店に売られて居た十六歳になる少女（彼等がよく識っている間柄の）が彼等の手に依ってオペラ・アクトレスとして金龍館に入り込んだのが発覚した結果其（その）善後策を講じに来たという。学生に相応しからぬ問題であったのである。

金龍館はもともと外国映画専門の劇場として出発した（『ジゴマ』の成功は前述の通り）が、後に日本館と並んで「浅草オペラ」の殿堂となる。それ以前にも、大正三（一九一四）年に芸術座の「復活」の劇中で松井須磨子が歌った「カチューシャの唄」や大正六（一九一七）年に常盤座で上演された一幕もの「女軍出征」などオペラの大ヒットはあったが、大正六、七（一九一七、一八）年ごろから「浅草オペラ」として人気は不動となり、大正一二（一九二三）年の関東大震災によって廃れるまで、田谷力三、藤原義江、榎本健一など絢爛（けんらん）たるスターを輩出した。記事で取り上げられているK子は単なるオペラファンからコーラスガールとはいえ出演できるまでに漕ぎ着けたとのこと。親の望みとは違えど、決してぶれない強い意志は、出世してスターにでもなれば美談に変わりそうである。記者も褒めたものか貶したものか迷っているようだ。しかし、妹のために芸名などは伏せるといいながらも当の妹の学校名を書くのは首をかしげたくなる。最後に突然出て来た学生たちはいわゆるペラゴロ（女優などを追いかけて楽屋にまで来る不良じみたオペラファン）だろうか、学生のくせに名刺を持つなどなかなかの不良ぶりである。と思ったら、次々回のコラムに「廿五日本紙『不良少年少女』の記事中に早稲田大学工科生が金龍館の楽屋を訪ねて磐城平町から出て来た少女の身の上に就いて善後策を講じたという事を書いた。今改めて再探したら右は所謂不良少年ではなかったが話が面白いから『不良少年と不良少女』のエピソードとして掲ぐ」という追記が出た。「話が面白いから」そのままにする、という感覚は驚きである。

次は、金龍館を住処のようにしている少女の話、同じく「不良少年と不良少女」シリーズからである。

◎不良少年と不良少女（三）二百の男を知った十七お下髪の少女　隼のお金（大正一〇年五月四日　読売新聞）

火曜日の晩の八時頃である。変装した記者は公園劇場の前を通って帝国館の前に出でた、と後方から足早やに行き過ぎた染絣の鯉口を着た十五六歳の少女があった、見るとそれは確かに数ケ月前の或る日警視庁の地下室で遊んで居たことのある少女である。其頃は春まだ浅く彼女は縞羅紗のマントを被りお下げに結んで、赤いリボンを附けて居た、そして地下室を通った不良係らしい刑事に、「私もう軟派じゃないわ、硬派になったのよ」と云って居た事のある少女である。それだけの事実を想い出した記者は此日の予定を変更し突嗟の間に彼女の跡を尾行して往くことにした、彼女は千代田館に這入ったが一渡り場内を隈なく見廻してから直ぐ様千代田館を出て右にセントラル。カフェーの角から薄暗い常盤座裏に歩いて往くのであった、公園劇場の手前までスタスタ歩いて往った彼女は、金龍館の楽屋口の方へ曲る角で紺飛白の廿二三歳の男と一緒になった、そして自分よりも年長である其男に対して「暫らくね此頃どうしてたの、遊びに来ない？」なぞと臆面の無い口を利き出した、が男はさして対手になろうともせずに『どうしてたっていいよ、おまえの所なんか遊びに行かないよ』と取り合いそうにもしなかった、『じゃ皆によろしくね』と型の如き言葉を吐いて結局をつけかけたが直ぐに捨てばちな調子で『皆によろしくったって誰のこったか判らないだろうから、いいわ会った人に片ッ端からよろしくね』と云い捨てて見向きもせずに金龍館の横手入口に駈け寄ってテケツの金網を覗き込んで『まだいけない。入れて頂戴よこれだけッか無いんだからさ』と訴えて居た、そしてテケツの女から『まだ駄目よ十銭じゃ入れないわよもう十銭拵えといでな』と極めつけられて、彼女は仕方無しに『ジャ、直ぐ拵えて来るわ。お金なんか直ぐ出来るんだもの』と足早にそこを立去った、記者の好奇心はむら〳〵と動いて来た。どうして彼女があとの金を拵えるかということに対して、が即座に又別な心が動いた。此場合決して彼女に十銭の金でも拵えさせてはならないと。そこでパテー館の前で彼女を呼び止めて五十銭札を与えてやった、彼女は怪訝な顔をして居たが、それでも金は受取った、そして記者に『旦那はどちらの人Mさんと一緒じゃないの、（Mとは不良係S警部の部下中有数の刑事である）そうだったら、今夜だけ勘弁して頂戴な、先月の十五日に挙げられて三日留置所に這入ってから何も悪いことはしなかったんですから』と思いもかけぬ言葉を吐いて、やおら金龍館へ這入って往った、記者も続いて這入って往った、舞台は呼物のコルネビューの鐘――の第一場ノルマンデー沿岸の場である。彼女は一心に見物して居た、彼女はフト後ろを振向く途端に記者の姿をはっきりと見たのであった。急に彼女は座席を立ったと思うともう戸外へ飛出してどこかへ姿を隠して了ったのである。彼女は隼お金と称する不良少女である

父親は数年前に此世を去って今は大士さく（三八）と呼ぶ母親が深川区門前町

> 三十番地に佐野屋という下駄屋を開いて居る、そして彼女は一人子で大士きんと呼び今年十七歳である。家には五つになる従妹(いとこ)のよし子が彼女を姉の如くに慕って其帰りを待って居るのであるが、彼女は三年前に深川の明川小学校を卒(お)えると間も無く不良少女の群に入り窃盗掻払い其他良からぬことのみ重ねて来たのである、而(しか)も十五歳から今日まで約二百人近い異性と近づきになったという恐るべき色魔である。そして去る三月の中旬には窃盗を働いたことが発覚して其筋の手に検挙され都下各新聞の紙上に「不良少女隼お金捕わる」と大きな活字で報道された女である、現に金龍館の女給の語る処に依っても彼女が盗みをして金を持って居る時は金の腕時計に毛皮の襟巻乃至は御召の着衣に流行のパラソルと云った様な贅を、服装の上に見せるそうである

いわゆる私娼である。驚くのは、ここまで堕ちている一七歳の少女には母も従妹もおり、目と鼻の先に住んでいるということだ。留置所で訴えたというセリフ「私もう軟派じゃないわ、硬派になったのよ」も面白い。この時代、硬派の不良などは絶滅危惧種だろう。隼お金には続報があって、程ヶ谷の感化院に収容されていたお金の耳に、母が世間体を苦に殺鼠剤(さつそざい)を飲んで亡くなったとの報が入り、特別の計らいで葬儀に出

席したものの「矢張り改悛の情が無いので初七日の終ると共に再び感化院に送られる筈である」と出ている（「娘を心配して　母の死　感化院から来て母の葬儀に」（大正一〇年九月二三日付読売新聞））。お金の心をここまで頑にした原因は何だろうと考え込んでしまうが、彼女なりに思うところがあるのだろう。母が飲んだ殺鼠剤、いわゆる猫イラズは手近な毒物として当時よく自殺や他殺に使われた。大正一一（一九二二）年八月一三日の『サンデー毎日』には「末おそろしい小娘」として三輪はるえという一三歳の少女が奉公先の家で悪戯を注意されて逆恨みし、猫イラズを朝ご飯の味噌汁の中へ入れたが、燐が青い火を放って燃え上がり、未遂で終わったという話が出ている。あれやこれやがあり、大正一二（一九二三）年二月一二日の衆議院議会で猫イラズの発売禁止が議題に上がった。一三日付大阪毎日新聞には「大正七年八月より昨年度迄に此毒薬を利用して自殺又は他殺した者は実に三万人に達し、年々その数を増して昨年中だけで五六千人に及んでおる、売高は一年約五十万円だ、当局は鼠の害毒を云為して此発売を許しておるのだが猫イラズというものがなかった前と今日とを比較するに別段変わったこともないようだ。と議場外の気を吐く木下甚三郎君だの其他通りかかりの面々が『全く大問題だ無条件賛成』と力を添えた」とある。しかし禁止にはいたらず、昭和になっても、夫に丙午生れ（この年に産まれた女性は気性が激しく、男を食い殺すという迷信があった）を知られた妻が猫イラズで自殺する事件などが相次いだ（現在日本で販売されている殺鼠剤は成人が誤食しても重大な危険が及ぶ量の毒素は含まれていない）。

不良化の原因Ⅳ　文化　カフェーと自然主義文学

大正期に盛況になった文化といえばカフェーもある。日本で最初のカフェーは明治末期の四四（一九一一）年、京橋区日吉町にできた「プランタン」で、当初は作家や俳優などいわゆるセレブリティが集う場所だった。その後、京橋区に「パウリスタ」「ライオン」「ブラジル」などができたが、なかでも「ライオン」は一般の人もよく行き、もっとも流行っていたという。初期のカフェーは現在のカフェのようにコーヒーや軽食、酒を出す店だったが、大衆化するにつれレストランに近い健全なものと、女給が横に座ったりなにくれとなく世話を焼くバーやクラブのような店に分岐した。とくに後者は、客のチップのみが収入という女給が過剰なサービスに走ることになり、次第に風紀が乱れるようになる。村嶋歸之『カフエー　歓楽の王宮』（文化生活研究会、一九二九年『村嶋歸之著作選集　第1巻　カフェー考現学』所収）によると「大正十年の頃かとも思うが、大阪道頓堀のカフェー・サンライスで、不良団長のピストル事件を惹起した。事の起りは同界隈の不良団長Kが、そこを根城としていたところ、他の不良団長との縄張争いから、ついに正面衝突を演じKはサンライスの客が立てこむ中で、仁王立ちとなり、ピストルを乱射して、阿鼻叫喚の巷を出現せしめたのだった。こうした例は、各地のカフェーにも類例が乏しくないであろう。たとえピストル事件は惹起しないまでも、カフェーが不良少年の巣窟になっている事に誤りはない」という。また、「カフェーの気分に魅了された青年がカフェーへ行きたさから、或は家庭や主家の金品を持ち出したり、或は主家の売掛代金を横領したりすることである。殊に、店員の窃盗横領（所謂白鼠的行為）は間々被害額が何千、何百の巨額に達する事も稀れではない。その他、カフェー通いの費用に窮して万引きをしたり、掻浚いをする中学生等なども、間々あることだ」。不良団はおろか一般の青少年をも狂わせてしまう魔力があったらしい。

このような場所で、女給や少女も無事ではない。前掲『カフエー』にはこうある。「女給志願の娘たちの中には、真面目なものもいるが、虚栄で怠惰で享楽的なものが甚だ多い。これ等の少女は——不良女給は、といった方がいいかも知れない——収入が少なかったり、又は欲しいと思う着物の買えない場合、朋輩の金品を窃取したりする。古谷大阪少年審判所長の話では、十四歳の春から女給となり、十八歳の夏まで四年間、姫路、明石、神戸、西宮、尼崎、大阪の各地方のカフェーを転々し、永い所で二カ月、短い所では二日で逃亡し、その都度、若干の金品を窃取していた女給がいたという。しかも、これ等の不良女給は、改悛の見込更になく、審判所でも手こずるという」。女給になる少女は、家が貧しく女工や女中などに働きに出たもののつらい職場に耐えられずに逃げて来たり、不良少年にかどわかされたり、華々しい雰囲気に惹かれて来たりした子が多い。このような事情の少女たちがひとつの場所でしのぎを削るとなると、刹那的な気分が伝播するのも速いと思われる。前掲『カフエー』のなかに、女給たちが将来について語った職業紹介事務局の調査が転載されているので引いてみる。

「別に将来の事等は考えも浮かびませぬ。理想はないでもないが、理想を抱いても実現は難かしいから運命に任せます」「将来の希望！　それは現在資本主義の社会では望み得られないことですが、人に支配されず、真実の人間愛に立脚した社会の建設されることを望みます」「私は末のことなど考えたことはありませぬ。斯うして嫌な嫌な職にいるのも世の人々を呪わばこそでございます。私はあらゆる男性を苦しめてやりたいと思うけれど力弱い少女の身で却って自分が毎日苦しめられています（鉛筆の自筆らし。十七歳、前職女中）」「妾(わたし)の将来は華かに、又太く短く、人より面白い目をして、又面白いことをして、そうして早く此の世を去りたいと思っています」「深く考えて見る余裕はございませぬから考えて見たことはありませぬが、自分は余り女給と言うものをよい眼で見すぎていたと言うことが解りましたから、一日も早く止めたいと思います」

女給になって後悔している子、社会主義にかぶれている子、その日暮らしの子、憧れて勤めたものの当てが外れた子、世の中を呪っている子（！）など各自各様で興味深い。その日暮らしの子は、たとえばこんな少女だろうか。

◎断髪洋装の美少女は飛んでもない不良　大森署に虚偽の保護願　大尉の娘で女工上り（大正一四年八月一六日　読売新聞）

去る十一日午後八時頃市外大森署へ朝鮮慶尚北道(けいしょうほくどう)生れ佐藤ユキ（一七）と云う洋装断髪の少女が大森に居住して居る姉を尋ね朝鮮より上京したが金がなくなってどうすることも出来ませんから保護を願いたいと訴え出たことは既報の通りであるが其後引続き取調べ朝鮮へ照会中であったが言語挙動に不審の点多いので厳重取調ぶると此奴(こやつ)は福島県伊達郡湯之村生れ元仙台第二師団大尉佐藤新作の長

女ユキ（一七）と云い本年四月上京して亀井戸の東洋モスリンの女工として働いて居たが生来の怠け者の上に不良性を帯び遂に本年五月日本国を後に朝鮮に高飛びして前記慶尚北道に於てカフェーの女給等をして居たが遂に朝鮮もあきて十一日に大森に流れ込み金が尽きた所より虚偽の訴えをしたこと判明。目下引続き取調べ中

大尉の娘が女工勤めをするというのは意外な気がするが、当時は華族ですら困窮している家もあったから、驚くことでもないのかもしれない。「日本国を後に朝鮮に高飛びして」とあるが、朝鮮は明治四三（一九一〇）年の日韓併合以来、朝鮮総督府が統治する日本の植民地だった。カフェーや娼家もたくさんあり、一旗あげたい者、騙された者、逃亡して来た者も含め、大勢の日本人で賑わっていた。それにしても、いくら金に詰まったとはいえ自分から警察に行くのは失敗だったように思う。まだ一七歳なのだから女給でもなんでもできたろうに、労働の方向に考えが向かないのは「生来の怠け者」だからか。

ところで、不良化や堕落の原因に名指しされた文化には、バーやビリヤード場など

の盛り場とは別に意外なものがあった。それは、文学である。

大正三（一九一四）年一〇月九日の『よみうり婦人附録』「婦人と時勢」には中流階級が堕落した理由として「中流人士の心的状態が斯ように腐敗したのは、自然主義の文学が流行してからの事のようにも想われます」「兎に角恁ういう悪風が肉欲を以て唯一快楽となし、精神上の光輝や喜悦を蔑視する文学のために助長されたるは、確かに事実であります。ローマンチックな美しい夢を見ずに、直に肉を想うような思想が直接社会の人心に浸潤して来たのはいかにも痛嘆すべき事であります」と書かれている。現実を赤裸々に描いた自然主義文学がやり玉にあげられ、それに影響された中流階級が社会に害を及ぼしているという論理だ。

大正一四（一九二五）年七月一日号の婦人公論には「文学少女と不良少女との交渉問題」と題し、倉橋惣三、三宅やす子、千葉亀雄、舟木重信、宮田修、相馬泰三、長谷川如是閑ら有識者がそれぞれの見解を述べている。倉橋惣三曰く、ここでいう文学少女はただ文学を愛好する少女のことではなく「文学に偏し、溺し、淫している特殊の少女達」のことで「そこで、更めて問題となるのは、文学溺愛ということが、個々の題材の内容的刺激の外に、文芸そのものとして、少女の性格に及ぼすべき影響如何ということになる。私はそれを、文学の非現実性が及ぼす、性格上の非現実的傾向という言葉で、まとめられると思うのである」という。要するに、バーチャルリアリティとリアリティの区別がつかなくなったり、現実逃避にバーチャルリアリティを利用し耽溺する危険を指しているようだ。どこかで聞いたことがあると思ったら、ゲームが流行したときの論調と同じである。あのときは子供が本を読まなくなったと嘆かれたが、本も悪者にされた時期があったのである。倉橋は「所謂不良少女の大多数は、却って文学なぞとは縁の遠い、蒙昧無知の愚少女である。寧ろ性来の精神低格者に属するものが多い。そんな連中の場合にまで引合に出されては、文学こそいい迷惑である。ただしかし、われ〳〵の大切な少女達の中で、特に知性の鋭敏な、感情の繊細な優秀な少女達が、まま、薬を毒に飲み過ぎることのあるのは痛ましいことである。薬が名薬であるだけに、それだけ余計、分量を加減してお飲みなさいということになる」と締める。「知性の鋭敏な、感情の繊細な優秀な少女」が「精神低格者」と同等になることもあるとは、文学もおそるべき薬である。三宅やす子は逆に「交渉は先ず無いとみる」と一刀両断し、千葉亀雄は文学が少女を不良にしたのではなく、不良傾向のある少女が文学に溺れたのだと語る。そして、本をよく選択することと少女に思索や研究に興味を持たせることが肝要とのこと。なかなか真っ当な意見である。舟木重信は当時の「文学少女」の意味するところをこう書いている。「「あの女は文学少女だよ」と云うことは、「あの女は不良少女だよ」と云うのに近い。だが、この場合に意味する「不良」は、盗癖があったり、詐欺を働いたりするのではなくて、性的関係（性的思想、性的行為）に於て不良になることである。従って、「あの女は文学少女だよ」と云うことは「あの女は文学を愛好し、且つ性的関係に於て不良だ」と云うように解されている」とし「「不良少女」は必ずしも「文学少女」ではないが、「文学少女」（――上に解されたような意味での――）は、「不良少女」の一部門である」。そして新たな見解を示す。「文学はその「不良」たる間接の原因となっても、その結果には責任がない。文学の主張するところは正しいのである。そして、それらの「不良」なる事件は、社会組織の欠陥から生ずるのである」。宮田修の論は千葉亀雄に近いが、少年少女にとって意外な作品が悪影響を及ぼすという具体例として「例えばシラーの書いた『郡賊』の如きは、発売間もなくライプチッヒの当局者が直に之を禁止した程、当時幾多の不良不逞の少年を作った。またゲーテの『ファウスト』を読み、主人公とグレッチェンとの甘い交渉の場面に動かされたとか、『ウエルテルの悩み』にひかれたとか云う話は必しも珍らしいことではない。殊にフローベル、モーパッサン、ゾラ一流の現実派の描いた作品中には、いろ〳〵の意味でかなり強い刺戟を与えもし、今なお与えつつあるものがある」と書いているのが面白い。刺激に飢えた若者はどんな真面目な作品からでも動機づけられるのだろう。長谷川如是閑はこれを「青春期の男女は特殊の精神状態を有つ。すなわち、感情が性的生活を中心として働くようになる」とし「この青春期の昂奮状態は或程度迄は人間に必要な段階なのであって、そういう昂奮状態の来ないような人間は病的で、人間の生活を栄えしむる力のない廃物である」と言い切る。そして、親や先生もたまには子供と通俗的な演劇や文学について自由に話したり批判したりしあう方がいい、と至極真っ当な意見であるが、結論としては少年少女に「詰り仕事をさせるのである」とのことだ。そしておすすめの作品は、よりによって島崎藤村の『新生』だそうである。何はともあれ、このように侃々諤々の議論が持ち上がるほど、文学の悪影響が真剣に受け止められていたのである。

不良少年少女の更正策

さて、大人たちは不良が増殖する状況をただ手をこまねいて見ていただけではない。とくに不良少女に関しては、収容する施設がほとんどないため早急な対策が叫ばれた。

大正六（一九一七）年五月二五日付読売新聞には「不良少年少女と救済法」として「尤も手に余る少年を感化する処としては今、府立の井頭感化院、巣鴨なる留岡幸助氏設立の家庭学校、渋谷の日蓮宗の東京感化院それから小笠原島にある東京府修斎学院とあって総数三百余名を収容して居るが、之に努らぬ数を示せる不良少女の感化院は未だ一ケ所も見られない」とある。記事の中で「不良少年少女研究家と知られたる警視庁阪口警部」は「婦人ホームや矯風会経営の慈愛館があるが之は娼妓や淫売を主として置いているので少女を託するには向かぬ。同情者に預ける事もあるが先方の迷惑になったり此方の不為になったりして之も思わしくない。市でもその必要は大いに認めて居るが経費の点で成立しないようです」「今度の議会に国立感化院設立の件が提出される事になって居りますが、果してどうなりましょうか」と心もとない。一カ月後の六月三〇日付読売新聞には「愛の力で不良少女を修養させる」と題した記事で、東京府会が矯風会を主宰する矢嶋楫子に提携を申し出たと伝え、矢嶋は三〇人くらいなら引き受けられると答えている。そして八月五日の『よみうり婦人附録』の「守屋女史に感激して寝姿にも身嗜みを忘れぬ少女」という記事では「東京府から一千円の補助を受けた基督教婦人矯風会婦人ホームでは、今回之れを基金として収容所を設け」今のところ四人収容していると伝えている。しかし、とても足りる数ではない。一一月一〇日付読売新聞に「必要になった不良少女感化教育　全国で只った二ケ所」という内務省嘱託の生江孝之の談話記事が出たが、そこでも女子の感化院は横浜の家庭学院と大阪府立修徳館女子部の二カ所しかないため早急に創設が必要であるといっている。そうしている間にも検挙される不良少女はひきもきらない。大正六（一九一七）年九月一二日付読売新聞には、吉原廓内や浅草公園で掏摸掻浚いを常習とする不良少年少女四三名を検挙したが「悪少年等は何れも感化院に送りましたが、不良少女は未だ市内に女子感化院の設備なきため横浜女子感化院に送りました」（「不良少年少女感化院送り　掏摸掻浚い常習」）とあり、まさしくいたちごっこの様相を呈している。

少し横道にそれるが、記事にある「不良少年少女研究家と知られたる警視庁阪口警部」とは前掲『不良少年之研究』を書いた阪口鎮夫である。東京の太平署から大阪川口署へ栄転する際の記事「二万八千の市内不良少年少女にお去らばと　昨日赴任した阪口署長　七年九ケ月の苦心を回顧して語る」（大正九年一〇月二五日付読売新聞）で阪口は自身について「四十二年に亀井総監秘書を拝命後四十五年から不良少年少女係になってから、七年九ケ月現職に転ずる迄私は延（のべ）人員二万八千の彼等を手がけた、其の大部分は男子で女子の数は十分の一である」「彼等の多くは軟派に属する者で今では社会に相当の地位を占めて或は会社の重役に、或は学士として某重要方面に活躍し、又は知名の士〓夫人として出入には自動車を駆るなんど立派な人間になった人もある」と語っている。「不良少年少女研究家」と称されるだけあるベテランぶりだ。

大正一〇（一九二一）年一二月一九日には読売新聞に「不良少年少女の収容所設置青山の中央奉仕会で各方面の後援で」という記事が出る。それによると赤坂区青山南町三の六一の中央奉仕会では「大正七年から報恩少年少女院を設けて一般少年少女を学校が退けてから後一、二時間訓育教育に努めているが更に今回東京監獄藤井教戒師、赤坂署長、其他司法大臣内務省社会局教育長等の後援にも与（あずか）り不良少年少女の収容所を設置する事となり収容すべき三階建洋館其他準備に急いでいる」らしい。

そして大正一一年、少年法と矯正院法が制定される。少年法は満一四歳から満一八歳未満の不良少年の処遇を、矯正院法は国立の矯正院（少年院）を置き少年審判所から送致された少年を収容することを定めた。同年六月一〇日付読売新聞によると「全国に亘り出来る少年審判所や矯正院及びそれに附随する費用約七十万円も四十五議会の協賛を経たので取（とり）あえず大阪地方裁判所前と東京富士見町の某地を最初の少年審判所敷地に選定し今月末頃からソロ〳〵建築に着手する事になった」とのこと。これより感化事業は国家主導となっていく。

不良少年少女対策を模索するなか、彼らが改心した方法を誇らしげに語る記事も見かけるようになる。大正八（一九一九）年八月一一日付読売新聞には「不良少年に謡曲を教えてからは俗謡は歌わぬ」という渋谷感化院主事の談話が載った。曰く「近頃謡曲を始めさせましたが、俗謡を歌わなくなり、又話題を謡曲から取りますから高尚になりますし、書物を使用させないで謡曲をうつさせるから習字の稽古にもなります、其上時々上流の方々を御呼びして謡曲の会をして子供も其間にやらせますと、大変精神向上の上によいようです」。大正一五（一九二六）年一一月二四日付読売新聞には「不良少女が立派な家庭婦人に　職業婦人には向かぬ　私の感化した経験からの話」として少年審判所保護司の植田タマヨが言う。「現に私が保護をして居ったある十八歳の二人の娘がありました。二人ともかなりあばずれもので随分困らされましたがいろいろ世話をやいているうち一つ家庭を持たせてみようと考えて、真面目なものをさがして一人にはある人夫、一人にはある料理人の夫をもたせました。すると結婚後の二人はその性格が全く生まれかわったように真面目な主婦となりました。そして今年の四月一人は男、一人は女の子を産みましたが、母親となってからの二人は一層しっかりしてよい母として子供を育てて行くにはどうすればよいかというようなことを真剣に考えるようになって私は喜んでその相談あい手になって居ります」。まだまだ見合い結婚が主流の時代とはいえ、犬猫の交配じゃあるまいし、と思うのは現代の感覚なのだろうか。

ハート団事件と丸ビル

さて、「はじめに」で述べた、不良少女問題に関心を持つきっかけとなった丸ビルハート団の事件に話をうつそう。ハート団の団長ジャンダークのおきみこと林きみ子が検挙されて事件が発覚したのは大正一三（一九二四）年の年も押し詰まった一二月九日、新聞報道されたのは翌一〇日のことだった。東京朝日新聞、読売新聞、報知新聞の三紙を見てみよう。

◎丸ビル一の美人　警視庁に捕わる　ジャンダークのお君といわれ妖艶比（ひ）る）いなき不良少女　まず不良狩りの魁（さきがけ）（大正一三年一二月一〇日　東京朝日新聞）

歳末に迫って警視庁不良少年係では徹底的不良の削減を期し活動中であったが、九日朝淀橋角筈林靴店の娘林きみ子（一九）と三四名の学生を本郷某洋食店より警視庁に引致取調べ中である

林きみ子は非常な美人で某邦文タイピスト養成所を出て丸ビル出張所に看板娘として雇われていたがきみは四谷のハート団と云う不良団の首領で最近丸ビル某

喫茶店を根城とし、新しく養成所を出る女を誘惑してはハート団に巻込み、盛んに丸之内一帯にはびこっていた東京市内に於ける有名な不良少女で、警視庁では常に同女の挙動を監視中数日前突然姿をかくしたので捜索の末本郷の某洋食店にいるのを発見引致した、きみ子の誘惑から不良少女となったものは非常に多く、落合の乗馬服の不良少女の如きも丸ビル東亜貿易商会に勤めている間にきみ子の為め不良少女となったもので、丸ビル内某店員カルメンのおとよ事柿沼とよ（二一）同鈴木しづ子（二二）等と共にジャンダークのきみ子と称せられて有名な不良少女である。

妖婦型というでしょう　いい女ですと同僚の話

検挙された林きみ子（一九）は淀橋柏木一一九林惣太郎の養女で昨年武田女学校を卒業すると同時に、三田豊岡町の日本邦文タイプライター株式会社の附属養成所に入り三箇月間で其処を出てから同会社に入社したもので丸ビルの出張所で勤務して居たが今年の四月辞職した。其持って生れた美貌と粉飾を凝らした華美(はで)な姿は忽ち丸ビル中の評判となり丸ビル美人のスターとして限りない若い男を悩殺した、会社を辞めたのも多数の男と関係したとの噂があまり高く伝わったので当時机を並べていた事務員達は『そりゃ凄い程の美人で、取りすまして仕事をしてる時なぞは何だかまばゆくて傍へも寄りつけない位でした、ああ云うのを妖婦型と云うのでしょう』と口を揃えていって居る。会社をやめてから松竹や芝和合倶楽部内の某通信社等を転々し先月上旬その通信社をやめブラブラ遊んで居た。この間も一週間に一度や二度は例のけばけばした服装で丸ビル内に姿を現して居た

◎丸ビルの風壊女　警視庁で検挙（大正一三年一一月一〇日　読売新聞）

九日朝警視庁刑事部捜査課の後藤警部は二十歳前後妙齢の美人を引致して来て頻(しき)りに訊問を試みて居たが此の女は最近まで丸ビル三階に事務所を置く日本タイプライター株式会社出張所のタイピストを勤めて居る林きみよ（二二）であることが判った。彼(か)の女は錦紗づくめの立派な身装りで一見大家の令嬢を思わせ花を欺く許りの美貌の持主で府下東中野二二四に居住しているものであるが彼の女は丸ビルに出入する数多(あまた)の若い女性例えば女事務員女給タイピスト中の不良分子を集めて一つのグループを形造り彼の女自ら之(これ)が団長となって同じ丸ビルに事務所を置く榛原商店のタイピスト柿沼とよ子（二二）矢吹商会の店員鈴木すず子（一

八）今川橋（判読不能）屋呉服店の女店員前記柿沼とよの妹柳子（一九）等多数のタイピストや女事務員を中心に盛んに密淫売を行い害毒を丸ビル一帯の会社街に流して居たことが警視庁の探知する所となった結果であるが警視庁ではこの際この種不良団を一掃する方針であると

◎丸ビルを根城に　不良少女ハート団　多数の青年を弄ぶ（大正一三年一二月一〇日　報知新聞）

最近市郡のカフェーやバーの女給の中で盛んに風俗を乱して良家の子弟を誘惑し金品を巻上げる不良少女がばっこするので、警視庁刑事部不良少年係後藤警部は、これ等不良分子を一掃する為め数日前から大活動を始め、一斉検挙を行った結果、府下東中野二三四通称ジャンダーク事林きみ（二二）を九日午前十時引致し取調べ中である。彼女はかつて丸ビル内の日本タイプライター出張所のタイピストをして居た者で、その当時丸ビル切っての美人で同じく丸ビルで女事務員鈴木静子（二〇）柿沼豊子（二二）等と盛んに丸ビル内の女事務員を誘惑してハート団を組織し、自ら団長となり丸ビル内の喫茶店の女将と連絡をとって丸ビル内に出入する青年を弄び、金品その他を奪いとって居たが、最近は丸ビルから姿を隠して本郷のカフェーに巣をかまえてここでも盛んに学生連を誘惑して居た者で目下厳重取調べ中であるが、警視庁ではこれを機会に彼等一味を検挙するはずである。

事件の舞台、丸ビルこと丸の内ビルディングはつい二〇〇二年にリニューアルオープンしたことが記憶に新しいが、竣工したのは大正一二（一九二三）年二月で、桜井小太郎の設計によった。地下一階地上八階建て、低層階はショッピングモールとして開放し、多くの人で賑わう東京のランドマークのひとつだった。竣工七カ月後の九月一日に関東大震災によって被災したが、その後再開。当時の丸ビルについて西沢爽『雑学　東京行進曲』（講談社、一九八四年）では田村紫峰の『恋の丸ビル』（カネー社、一九二五年）から引いている。曰く「そして今このビルに働く人の数は五千百二十四人。そのうち男は四千三百七十二人。女が七百五十二人である。商社数は食堂まで含めておよそ二百二十社。勤務人員では、森永製菓、二百二名。ついで帝国火災、百九十六名。女子職員の多いところは、花月食堂、四十二名。森永製菓、三十八名などであった。女子の職種は、タイピスト、女給、事務員、美容師、給仕などで、給料は、旧制中学出で、初給三十二、三円」。「今」とは大正一三（一九二四）年三月のことで、ハート団事件の九カ月前である。

『雑学　東京行進曲』には当時の丸ビルについて驚くべき記述がある。「肉体の切り売りで月収三百五十円も稼いでいた女、金に困っている女子事務員の売春の斡旋をしていた靴磨きのおっさん、定職はなく、ただ丸ビル内を徘徊し、その凄絶な美貌で男を釣っていた蟒（うわばみ）お照なる女。この女には財界の知名人まで引っかかったという」。また田中直樹『モダン・千夜一夜』（チップ・トップ書店、一九三一年）によると「丸ビルに於けるW・C掃除人夫の統計によると、所謂（いわゆる）島氏の亜米利加の素脚の中に出て来る『雨外套（こーと）』いとも強靭なる『雨外套（こーと）』の発見さるるもの夥しく、一月、五五八（ボーナス時代）二月、二一六（ノーマネー時代）三月、四三二（やや有福に）四月、五一二（春期発動期）五月、六四九（新緑の候）六月、五一六（少し下落して）七月、四一六（暑ぐるしくて）八月、二五〇（暑中休暇）九月、三八五（残暑）十月、四二三（漸次回復）十一月、四八〇（活動季に入る）十二月、四一五（年末多忙時代）」。この「雨外套（こーと）」とはコンドームのことだが、毎月使用済みのものがこれだけ落ちているというのはさすがに信じがたいが、蟒（うわばみ）お照や靴磨きのおっさんが跋扈していたとなると一蹴できないような気もする。タイピストはいわゆる事務職で「職業婦人」としても比較的かたいイメージがあるが、丸ビルに限っては様子が違うらしい。前掲の杉山萌円「東京人の堕落時代」では林きみ子に絡めて「彼女達の重立った者は、数名一団となって或る店に雇われていた。鉛の強いお化粧をコテコテと塗って、青い事務服を着て、店一パイの硝子窓の前に並んでカチャンカチャンとタイプライターを打っていた。その向うに四十代と二十代と二人の好男子が、リュウとした背広を着て、腰をかけて見張っていた。お客はあまりいないようであった。通りかかりの人が大勢、冷たい硝子窓に額や頬を押つけて、そのカチャンカチャンを飽かずに見ていた」と書いている。丸ビルの女事務員は客寄せの役目もあったらしい。

タイピストとショップガール

大正一四（一九二五）年一〇月二七日付読売新聞には「五年勤めて月給廿二円　女タイピストも収入多いのは美人だけ」という記事がある。曰く「新しい婦人の職業としてのタイピストに就て芝愛宕下町三ノ四婦人タイピスト協会で収入待遇其他一切の調査をしたところ世間で噂する程高いものでなく初任で三十円から四十円、三四年勤続している者でも六十円以上貰っているのは数える程しかいない、中には丸の内銀行に五年間も勤続していながら月給僅々廿二円と云う嘘のようなのもある、百円以上のもないではないがそう云うのは大抵美人で重役に可愛がられている者に限るそうな。『数から云うと丸ビルに九十人丸の内全体に三百人市内全部で二千人は出ないようだ』と言っていた」。同じ仕事をしていても容姿で給料が変わるというのでは女給と変わらないように思うが、当時の認識はこんなものだったようだ。

丸ビルではないが、ほかの所謂「ショップガール」についても「東京人の堕落時

休憩中のデパート・ガールたち。清楚でモダンなユニフォーム（毎日新聞社）

代」には「銀座の或る菓子屋には、欧州風の部屋着の揃いに、揃いの頭、揃いの髪飾りの美少女が五人、輪を作って椅子に腰掛けていた。只それだけの役目らしく、お客が来ると男の店員が代わって応対をした」とある。まさに生きたマネキンである。これよりはましな仕事をする場合でも、「神田の某文房具店の女店員は、鉛筆部、ノート部、帳簿部、万年筆部といった風に受け持ちがあって、勘定一切の責任を負うてい

上・丸ビルにあった洋装店「メーフェアー」で働く婦人裁縫師。断髪、細身のジャケット、水玉のネクタイがファッショナブル（毎日新聞社）

下・大正時代のタイピストたち。邦文タイプライターは大正四（一九一五）年に杉本京太によって発明された（毎日新聞社）

る。仕事は親切で態度も慎ましやかである。しかもそれが化粧は揃いも揃って夜の光線向きで、一見怪しい女だと思わせられた」という。この化粧は、店主に強請されたものか、自分から施したものかは謎である。

この頃の男子公務員の初任給七五円から一〇〇円程度に対し、タイピストやデパートの店員は三、四〇円でとても生活できる額ではない。そのせいか、彼女たちのアルバイトがしきりに勘ぐられた。大正一四（一九二五）年六月二三日付読売新聞「ダンス・ホールのお雇い令嬢　百貨店のショップガールが——夜稼ぎの内職に」というタイトルの記事には「『君々あのコーナーをステップでまわっている女ね。あれは××呉服店のショップガールなんですぜ』と隣りにいた男は私に囁きました。場所は銀座のあるダンスホール。所謂紳士淑女が汗をかきながら踊っています。此の話しかけた男は続いて私に色々ショップガールの話をしました。ことわっておきますが、此の男は矢張り或る百貨店の人事課にいる男なのです。『私もダンスが好きで方々のホールに行きますが、所謂お雇令嬢は殆どどっかで見かけるショップガールですね。何しろ昼間の勤めじゃ良くって三十円。普通は日給八十銭程度ですからな。あの女のなりなんて月三十円じゃ出来ませんや』」とある。しかし、同年九月一九日付大阪朝日新聞「三越、白木、高島屋　女店員の生活は？」という記事のなかで「月給三十円の女店員貴美子（仮名）さん」は「女の収入の三十円は男の五十円に匹敵します、そのわけは煙草ものまず、酒はいらず、交際費はつかわない上に万事つつましやかにくらして余力の全部を着物に集中しますから、いかにも別途収入があるように見えても世間で噂するような暗い儲けがあるわけでなく店の風紀係の眼もこわい。もっとも若い身の上で異性と話し合う機会が多いのですもの、少々の除外例はねえ……」と反論のようないいわけのようなことをしている。この貴美子さんは女給をやってみたいものの親が許さず、女工は汗をかくのがいや、家にいるのは窮屈というわけでデパート勤めをしているそうだが「お嫁入りのおこしらえができる時分には、いいお婆さんになってしまう、もう結婚の戦闘準備ができたかって、あほらしい何ができますものか、月給の三分の二は飯代として家へ入れ、残り三分の一がお小遣いで賞与だけはそっくりおべべを買います」と浪速っ子らしいユーモラスな調子で語っている。とくに本腰を入れて嫁入り仕度をしようというわけでもなさそうな口振りだ。

ともあれ、人前に立つ職業婦人は世間の好奇の目にさらされ、風説の流布に悩まされていたが、その風説を裏付けるような事件が、件のハート団の事件だったのだろう。

「丸ビル美人伝」

ここで、ひとつの記事をお目にかけたい。丸ビル勤めの女性というだけで世人がいかに注目したかを証す、読売新聞の連載記事だ。大正一三（一九二四）年の四月一九日から二四日にかけて「丸ビル美人伝」と題し、そこに勤める女性たちを写真入りで六回にわたり紹介したもので、第一回は六階大丸呉服店雑貨部の遠藤澄江さん。「岩間の白百合……とヤンヤと持てハヤされる　いちばん口惜しいことは不良少年らの悪口」とのこと。以下、タイトルを挙げていくと、第二回矢吹高尚堂の鈴木静子さん「お化粧が上手で『一階のおキャンで』通る　不良少年からの手紙に吃驚して一騒動」、第三回川北電機売店の朝比奈千代子さん「西京にうまれて長唄がすこぶるうまい　花消えた淋しい一階に独り咲きほこって」、第四回の東京パン売店の大川友子さん「パン売店の勘定台にあどけない顔の　売店の主任が縁続きで一月前からここに」、第五回スタンダード運動具店の佐賀きみ子さん、高橋静子さん「意思の人情の人　仲睦しく口吟む「故郷の空」」、第六回櫻組（靴屋）の荒井千代子さん「ミシンには奥儀を極め　男まさりの性質　すぐ噂にのぼるのは心外だとの気焔」。ほとんど「足を運べば毎日会える」が売りのどこかのアイドルのようなノリである。電機屋で働くだけで「咲きほこって」と書かれるのもたまらないだろう。が、それはそれとして、第二回の鈴木静子に見覚えはないだろうか。そう、ハート団メンバーの「矢吹商会の店員鈴木すず子（一八）」その人なのである。詳しく記事を見てみよう。

◎丸ビル美人伝（二）お化粧が上手で『二階のおキャンで』（ママ）通る鈴木静子さん
不良少年からの手紙に吃驚して一騒動（大正一三年四月二一日　読売新聞）

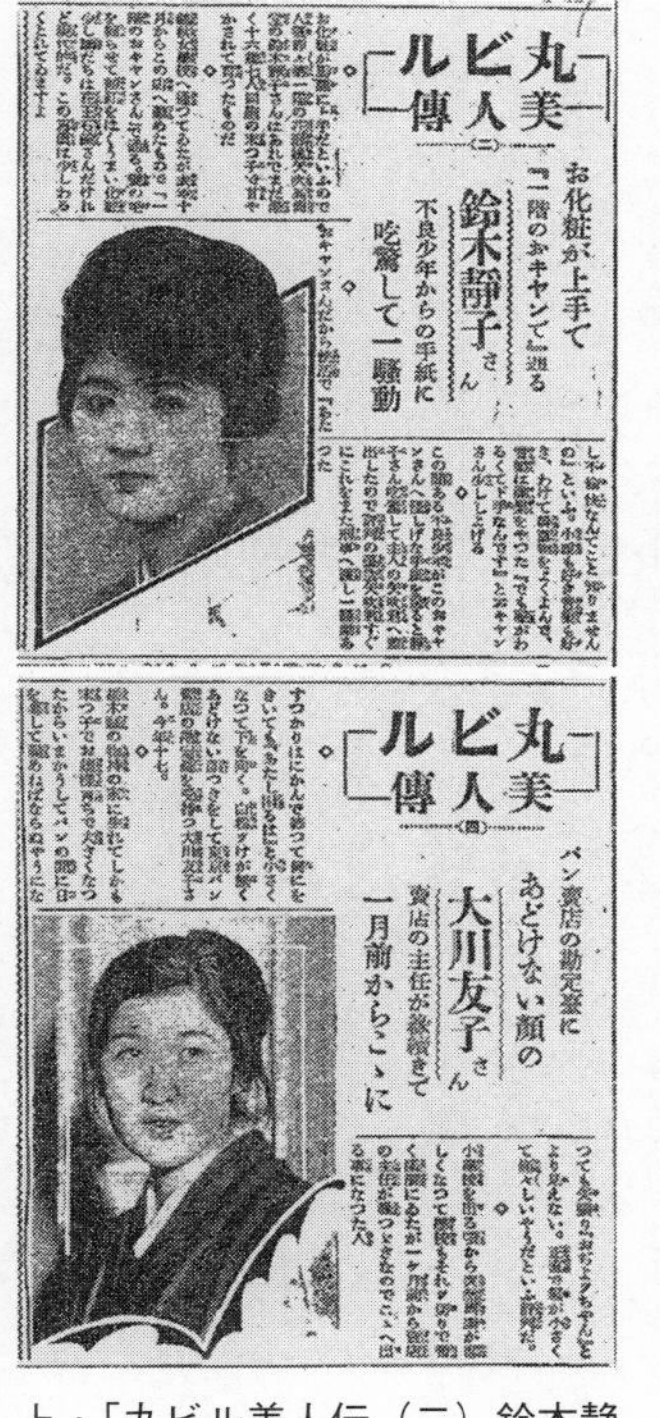
丸ビル美人傳（二）
お化粧が上手で
『二階のおキャンで』通る
鈴木静子さん
不良少年からの手紙に
吃驚して一騒動

丸ビル美人傳（四）
パン賣店の勤完室に
あどけない顔の
大川友子さん
賣店の主任が熱心で
一月前からこゝに

上・「丸ビル美人伝（二）鈴木静子さん」大正一三（一九二四）年四月二一日紙面より
下・「丸ビル美人伝（四）大川友子さん」大正一三（一九二四）年四月二三日紙面より（ともに読売新聞）

お化粧が馬鹿に上手だというので人気錚々第一階の花形娘矢吹高尚堂の鈴木静子さんはあれでまだ若く十六歳七人同胞の末っ子で甘やかされて育ったものだ錦秋女学校へ通っていたが去年十月からこの店へ勤めたもので「一階のおキャンさん」で通る。髪の毛を縮らせて頬紅をはくうまい化粧少し顔だちは花王石鹸さんだけれど現代的だ。この写真は少しわるくとれていますよ

おキャンさんだから快活で『あたし不愉快なんてこと知りませんの』という。小説も好き音楽も好き、わけて幹彦物をよくよんで、音楽は声楽をやった『でも声がわるくて下手なんです』とおキャンさん少ししょげる

この間ある不良少年がこのおキャンさんへ怪しげな手紙を送ると静子さん吃驚して主人の矢吹君へ差出したので評判の堅造（かたぞう）矢吹君すぐにこれをまた刑事へ渡し一騒動あった

写真の静子は耳隠しのような髪型をしている。眉ははっきりとし、鼻はいわゆるだんご鼻だが、さほど「花王石鹸さん」、つまり月のマークのように顎が出ているふうには見えない。気の強そうな華やかな少女だ。好きだという「幹彦物」とは長田幹彦の小説のことだろうか、『祇園情話』『祇園待宵草』などの「祇園もの」や翻訳などで

人気を博したが「遊蕩文学」として攻撃もされたという。気になるのは静子の年齢で、記事では一六歳だが検挙時には一八歳とある。数え年と満年齢の違いか、サバを読んでいたのか。いずれにしても、不良少年から手紙が来るくらいで騒動を起こす鈴木静子が、八カ月後には「密淫売」や脅喝で事件を起こすとは、「堅造矢吹君」でなくても驚く。記事の静子は演技をしているのだろうか、それとも実際に初心な少女だったのだろうか。たぶん後者だろう。少女の不良化は本当に早い。

さて、実は「丸ビル美人伝」の七人のなかにもうひとり気になる人がいる。まずは明治四一年生れの作家大林清が明治から大正にかけての自らの思い出話を綴った『明治っ子雑記帳』（青蛙房、一九九〇年）の「丸ビル不良少女団」という章をひく。「そのころ丸ビル一階の各店は、昨今のテレビ局の女子アナウンサーの如く、売り子に選りすぐりの美人を集めていた。東京パンの大川友子という、これは原節子を少しふっくらさせたような美人で、私はほとんど連日、学校の帰りを少し遠廻りして丸ビルへ寄り、彼女の手からパンを受取るのを無上の幸せとしていたのである。それがどういうキッカケからか銀座を散歩しようということになったが、彼女には二人同僚がついて来た。お茶も飲まずにただ銀座を往復しただけだった」「その後どのくらい経ってだったか、私を愕然とさせた記事が大きく新聞に載った。「丸ビル不良少女団検挙」

の大見出しの下、東京パンの女店員たち、その並びの額縁屋のこれまた世にも稀なる美少女、すべて一網打尽という記事である。彼女たちが何をやったかは覚えていない」「その頃が丸ビルの全盛期だった」。

著者の記憶によると、銀ブラデートは大震災の翌々年とあることから、検挙は少なくとも大正一四年以降ということになる。とすれば、ハート団事件とはまた別口である。「丸ビル美人伝」の大川友子の回を見てみる。

◎丸ビル美人伝（四）パン売店の勘定台にあどけない顔の大川友子さん　売店の主任が縁続きで一月前からここに（大正一三年四月一三日　読売新聞）

すっかりはにかんで終（しま）って何にをきいても『あたし困るは（ママ）』と小さくなって下を向く。白粉（おしろい）ッけが無くあどけない顔つきをして東京パン売店の勘定台を受持つ大川友子さん。今年十七。栃木県の物持（ものもち）の家に生れてしかも末っ子でお嬢様育ちで大きくなったからいまこうしてパンの間に日を暮して勤めねばならぬようになっても矢張り『おじょッちゃん』とより見えない。正直で気が小さくて痛々しいようだという評判だ。

小学校を出る頃から突然周囲が悲しくなって学校もそれッ切りで暫く横浜にい

たが一ケ月前から売店の主任が縁つづきなのでここへ出る事になった人

目を細めながら書いたような記事だが、写真を見れば納得。一重のつぶらな瞳と頬の長い、肉の薄そうな幼い顔の少女だ。「原節子を少しふっくらさせたような」というよりはあどけない田中絹代という雰囲気である。こんなに気弱な子がなぜ、と思うが、彼女が関与した事件が実際にあったかどうかの傍証がとれていない。大川友子を不良少女とするのは少し留保しよう。

ジャンダークのおきみ

さて、肝心の林きみ子に話は戻る。事件の記事には「新しく養成所を出る女を誘惑してはハート団に巻込み」（東京朝日新聞）「数多の若い女性例えば女事務員女給タイピスト中の不良分子を集めて一つのグループを形造り」（読売新聞）「盛んに丸ビル内の女事務員を誘惑してハート団を組織し」（報知新聞）というように、きみ子が率先して仲間を集めたということがはっきりと書かれている。不良少年に大騒ぎしていたような少女たちを八カ月ほどで感化させるとは、ただものではない。しかもその少女たち、『サンデー毎日』大正一三（一九二四）年一二月二一日号の記事「帝都に跳躍する不良団の魔手「丸ビル」を根城に美しい魔の手、媚の誘惑で帝都の内外を毒したハート団の正体」によると、きみ子の自白から「「丸ビルに処女なし」という驚くべき結論に到達する」というではないか。げにおそろしきは丸ビル美人なり。さて、その『サンデー毎日』記事には「魔の女」として、耳かくしに着物姿、開いたパラソルを斜めにさしたきみ子の写真が出ている。パラソルは当時の最新流行で前述の「隼のお金」も愛用していたものだ。草間八十雄『闇の実話』（玄林社、一九三七年）の「不良児実話」にも函館で洋装を購入したが、パラソルが揃わないため上野松坂屋で万引きしたところを捕まった川崎マツ子（仮名）という少女の話がでてくるが、それほどお洒落の必須だった。画像のきみ子の顔は横向きだが、口紅や眉の濃さから厚化粧ぶりがうかがえる。とくに眉は眉間から目尻の先ほどまで長々と引かれている。まさに「美貌と粉飾を凝らした華美な姿」そのもので、このまま丸ビルを闊歩していたら、読売新聞記者が「丸ビル美人伝」出演を依頼するのが自然だと思うが、既に筋金入りの不良少女として有名で、目立ちたくなかったため断った、とわたしは予想する。林きみ子がその他の少女とは一線を画す存在だったと思うからだ。前掲『サンデー毎日』には「警視庁が不良少年学生狩りを始めたのは、余程以前で、今回丸ビルハート

不良少女グループのハート団を率いた林きみ子（大正一三〔一九二四〕年撮影、毎日新聞社）

団の検挙はその網にかかった全く思い儲けぬ拾い物で、寧ろ当局は、枝葉のみを漁っていた形であったことに気づいたらしい」とある。そのような大組織の首領、林きみ子とはどんな生い立ちの少女だったのか。それについて、気になる記事がある。

◎恐ろしい不良少女　警官も驚く十三の小娘（大正七年八月三〇日　読売新聞）

府下寺島村二二一セルロイド製造業土谷宗三長女キミ（一三）は、十一歳の折既に不良少女の群に入りて家出をなし、六月中救世軍婦人ホームに収容され、七月七日同処を飛出し上野広小路いとう松坂で女子用洋服一着を万引きして着用し、同卅日深川区門前仲町から辻車に乗り、途中車夫に深川古石場町の親戚へ使に行けと命じ、その隙に同人の蹴込にありし六円六十銭入の財布を窃取逃走し、次で浅草公園活動写真日本館に見物中の深川区万年町二の四田中ヨシ（一七）外一名を言葉巧に誘拐し、横浜の知辺へ連れ行き両人を酌婦に売り飛さんとしましたが、早くも同区寿町署に探知され風を喰って帰京し、日夜市中を徘徊して悪事を働いていましたのを、谷中署の刑事が去廿七日取押えましたが、同人は警官に向い自分等はハート団の団員で小泉ハルと呼ぶ婦人を団長に戴き、過ぐる米騒動の際にもハルと共に男装をして出動したなどと出任せの嘘を並べ立てて警官を手古摺らせたそうです。

実のところ、これが林きみ子に関する記事であると断言することはできない。ただ、それと同じくらい違うとも言い切れないのである。記事のキミの姓は土谷である。しかし、きみ子は「林惣太郎の養女」であると検挙の記事にある。姓が変わっていてもおかしくはない。検挙の記事の年齢は二二、一九とさまざまだが、東京朝日新聞を元に考えれば、大正一三（一九二四）年に一九歳で、六年前の大正七（一九一八）年に一三歳であれば計算が合う。そしてなんといっても気になるのは「ハート団」という名称が記載されている点だ。もしキミときみ子が同一人物であるならば、ハート団は事件の六年前から存在し、きみ子が小泉ハルという女性から受け継いだということになる（小泉ハルが検挙されたり高飛びしたりして空いた席に勝手にきみ子が座った、もしくは一度衰退したグループをきみ子が再興したという可能性もある）。

それにしても、土谷キミの不良少女ぶりには舌を巻く。弱冠一一歳で一七歳の少女を横浜まで連れて行って酌婦に売ろうとするとは。映画館でぶらぶらしていたら不良に目をつけられて酌婦に売られるというのは当時よくあることだったにしても、相手が一一歳の子供なら誰でも油断してしまうだろう。揚句に、男装して米騒動に参加したとうそぶくとは、開いた口がふさがらない。いやはや、稀代の悪女である。

ともあれ、ハート団事件が世間にあたえたインパクトは大きく、検挙の三日後の大正一三年一二月一二日付東京日々新聞には「「ハート団」の噂で娘の親達大心配　押すな〳〵の丸ビルの此の頃」という記事が出ている。曰く「大帝都の表玄関丸ビルを根城とし東都で誇る大厦櫛比の丸の内村を淫蕩の巷としたとまでいわれる不良少女の集まり「ハート団」の団長自称ジャンダークを始め首魁数名が一網打尽に検挙されたと伝わると可愛い娘に間ちがいがあってはと気遣う親兄弟さては物見高い人々が押し寄せさすがの大伽藍も息苦しい程の雑踏振りだ」「これが昼休みごろになると丸の内一帯の銀行会社員さては給仕まで吸い込まれよう（ママ）に密集する。「どれだい……来たぞ」……と会社員らしいのがヒソヒソ話しをしてショーウインドー越しに美人を見つめている。地下室の中央亭花月食堂の食券売場の女をつかまえ門前市の多忙さにも拘らず「朝晩御多忙でしょう」と話しかけて白眼でおくられている物ずきやがいる。玄関番の私服君「火事場とちがって非常線を張るわけにもゆかずそれかとショーウィンドをながめている人をあるかせるわけにもゆきませんや」と苦笑していた」。年末のただでさえ慌ただしい時期に、丸ビルのショーウィンドウには火事場並みの野次馬が集まったらしい。この混乱を受けて、丸ビルに働くタイピストたちが名誉挽回をアピールしようと「廓清懇親会」と称した会合を持った。二二日の読売新聞には「丸ビルの廓清は……妾だちの手で」と題した記事が出ている。「丸ビルに巣喰って害毒を流していた例のジャンダークの不良少女事件から同じ様な眼で迎えられているのは心外だと丸ビルの女タイピスト連が奮起し丸ビル廓清運動を起こしましょうといよ〳〵その運動が具体化し廿一日午後二時から四谷模範女学院で廓清懇親会を開いて黄色い気焔を吐きながら「大いにやりましょう」という申合せをした」とのこと。添えられた写真の中央にはなぜか男性がいるが一一人の着物の女性が卓を囲んでいる。

事件以降のきみ子がどうなったかについては、残念ながらまだわかっていない。きみ子のことだからこの程度の事件で改心するとも思えない。ますますスケールアップする昭和の不良少女の群れのどこかに、さりげなく紛れ込んでいるのだろう。今後も時間をかけて探っていきたいと思っている。

恐ろしき大正期の不良少女たち

さて、その他の大正時代の不良少女についていくつか見てみよう。まずは大正初期の少女から。

◎田舎娘の俄（にわか）令嬢　男の為に堕落す（大正二年一〇月二日　読売新聞）

千葉県安房郡■町二七相川伊勢松二女お松（一八）は、二月初旬上京して銀座通を徘徊中見知らぬ男と懇意になり、京橋区舟松町旅人宿房総館に宿泊し、男の為に衣類旅費等を捲揚げられしより悪心を起し、三月二日日本橋区堀江町三の九旅人宿松田館事藤沢房次郎方に女中の目見得に行き、家人の隙を窺いて十一円入りの蟇口を窃取逃走せしを手始めに、待合芸妓屋旅館料理店廿八軒にて金品千二百円余を窃取し、贓品を京橋区月島通二の八質商宿谷悦次郎方外三ケ所へ入質し、御召の着物に丸帯金時計指輪と云う素晴しき扮装にて腕車を乗廻し、芝居寄席と浮れ歩き金ビラを切り居たる事発覚し、一昨日愛宕署の山ノ内刑事に押えられたり

衣類や旅費を捲き揚げられたから自分も不良になるという悪循環だが、お松の場合、どうも楽しんでいるように見える。お金が手元にあったら途端に豪華な着物を着て腕車（人力車）で芝居を観に行くとはいかにも子供の発想である。どうでもいいが、千葉から出てきて東京で泊るのにわざわざ「房総館」という旅館を選ぶのがおかしい。

年端もいかない少女の犯罪も多い。

◎七日を期して不良分子大検挙　全市警察連絡の下に　殊に恐ろしい不良少女
（大正一二年四月七日　東京朝日新聞）

花時に際し警視庁では七日から市内全警察署と連絡を取って一斉に不良少年狩を行う方針だが、いま警視庁の黒表（ブラックリスト）に上がっている特別視察人は二千五百名、その中（うち）不良少女が二百五十名あるが其他市内に男一万人女五百人程の不良分子が居る、最近警視庁へ来た深川区門前仲町十五池田さん（一七）の如き、親は相当な下駄商だが十五歳の時不良少年に誘惑されて毎夜浅草公園に入り込み、若い純良な学生と見ると馴々しく言葉をかけ物を与えて誘惑し、又吉本ふみ（一七）加藤よし（一八）（仮名）の如きは市内切っての不良少年少女の団長で常に短刀、匕首を所持し良家の子女を毒牙にかけていたので六日両人共逮捕されたが、彼等も皆初めは不良少年の為に、十歳或は十二歳の時、欺かれたもので彼等の最も恐るべきは貞操観念の無い事だ、警視庁不良少年係の前田警部は曰く『彼等の最も多く利用する手段は第一学校の退出者の中から見込みをつけて情意投合を迫り第二は市内の大商店或は劇場で艶文をつけて気を引き第三は中間に人を使用するものと物件を利用するものとの二種がある、中間の人と云うのはカッフェーの女給や、活動写真や其他種々の観物場の案内婦の如き者で或は女髪結等を使う事もある』

「池田さん」の「さん」は名前である。実家は大きな下駄商という少女らしい。ふみとよしは一〇歳あるいは一二歳頃に不良少年に欺かれたために不良化して、一七、八歳で少年少女を率いるいっぱしの団長になったとのことで、林きみ子と同じくらいの出世ペースである。カフェーの女給や女髪結なども一枚嚙んでいるとあるが、ハート団事件のときも「丸ビル内の喫茶店の女将と連絡をとって」とあり、不良少女たちの周囲に活動しやすくさせる人物がいたということがわかる。なぜ彼らの名前を報道しないのか疑問だ。

なお、それより七年さかのぼる大正五（一九一六）年一一月三〇日付読売新聞の「十歳と十二歳の少女――浅草公園から婦人ホームへ――」という記事には年若い少女が犯罪に堕ちて行く過程が詳しく書かれている。「例えばつい数日前救世軍婦人ホームに収容された二人の少女の如きは、僅十歳と十一歳の子供でありながら毎夜々々公園に出ていろんな男を相手にいかがわしい事をして金を得ている、一寸普通人には想像も及ばない位ですが、此少女の恁うなったのを見ると、早く両親に死別れ、祖母の手に育った、処が祖母は非常に乱暴な女で毎日二人に麻糸つなぎをさせ、それが沢山出来ぬと打擲したり食物を与えなかったりして残酷に扱うので、二人はとうとう耐え兼ねて家を飛び出し公園にうろ〳〵している中に悪い女の手にかかり、恁(こ)んな暗い境遇に陥った」とのことで、「今迄自分等のして来た事が如何に恥ずべき事であるかを知らず、平気で話ている、警察署でも微罪で彼等の事にばかりかまっていられないので、説諭で済ませる事になる。それをまた彼等が心得ていて相当に秩序立った弁解を考えて置いて云う——これはこの二人の少女ばかりでなく、公園をうろついている悪少年少女等のすべてが心得ていて、盗みをして捕われた時でも「私は丙午の十四ですから運が悪くて恁(こ)んな境遇になったのです」と暗に年齢が少いので処罰されない事を微めかす位、また感化院へ入れても直ぐ逃走する、而かも他人の衣類を盗んだり、自分の便利になる少年なり少女なりを誘い出して逃走する」とある。ちなみに、このころ紙上に発表された年齢はかぞえ年なので、実際には一、二年若いことになる。

次も「末恐ろし」の少女である。

◎深川に巣喰う末恐ろしの少年少女　十三で強請る血桜団(ちざくらだん)のおやすに全身に桜花の入墨する十八の少年（大正一一年五月二九日　読売新聞）

五月初旬から深川扇橋警察署では管下の不良少年少女狩を行った結果、富岡、うぐいすの各団体の団員を片っ端しから検挙し、既に一件書類整理済みのもの七十四件、目下取調中のもの四十に及んだが廿七日管内の不良団の巨頭血桜団長深川区石嶋町三〇馬夫業張谷有助の長女やす（一三）団員深川千田町二九八馬丁秋田亀吉二男与左衛門［と］（一九）砂町字新田六鈴木幸次郎二男仙太郎（一八）が検挙された。同署を訪えば係員は曰く『当［ママ］管下の不良少年少女は不思議なことに片親か継父母で、学業は尋常四五年を修業後硝子、鉄工各工場に雇用されている徒弟に多く、楽をして活動なぞを見乍ら日を送りたいと云う逸楽的の者が多い。之れは貧民の子と育ち物質的に常に窮乏していた結果であるが、親も主人も今迄彼等の悪事を少しも知らず警察の手が下って初めて判り、中には堂々抗議を申込む手輩もある。血桜団員の前記鈴木仙太郎なぞは深川扇橋小学校六年卒業後車力小僧に雇われ目下は無職で両腕に桜花の入墨を一面に施し自身では俠客を気取っているが、昨年四月大阪に高飛びして空巣、窃盗を働いて現金八十円其他衣類を窃取して今迄巧に罪跡を晦ましていたが今度の検挙で一切を自白した強者だ。富岡団の巨頭深川区本村町九七三島鉄工所雇人岡田正雄（一九）は調所で取調られ乍ら『俺［ママ］の団員は五十人位居る。団長は富岡翠（二〇）と云って、元は明大の学生で団員のかすりを取って活らしているが、警察の手が下ると知って高飛びし又、俺の様なものを捕えずに富岡団の四天龍坂本金龍、白龍、黒龍、小天狗をなぜ逮捕せぬ、私は決して不良少年ではないとうそぶき、又血桜団長張谷やすは■に東京嘱託社会局児童保護員垣矢乙清氏を散々手古摺らした者で、現在では病気と称し家で子守をなしつつ、夜に成ると外に出て男と見れば雑踏の中で一寸足を踏まれた程度を機会に大声で泣き叫び或はこの人は私に変なことをしたと高声で怒鳴り散して、不良とみれば一味に引入れ駄目と見れば金品を強請すると云う末恐ろしい少女で、常に男なんか女の二の腕を見せれば何うにでもなると傲語していた相だ。同署では今後益々検挙の手を拡げるが改心の見込みある者は適宜の処置をとるそうだ。

血桜団とは不思議な名前だが、実はもっと有名な血桜団がある。京都千本三条のやくざ千本組の家に生れ、大杉栄に影響されてアナキストとなり、後に「映画界の黒幕」といわれマキノトーキーの理事なども務めた笹井末三郎が、同名の自警団を作っているのだ。柏木隆法『千本組始末記』（海燕書房、一九九二年）によると、笹井の血桜団結成計画は大正一二（一九二三）年二月頃から進行していたと推測している。とすると、右の事件より後である。笹井の血桜団はかなり硬派な集団で、結成式では全員揃いの久留米絣の筒袖に総絞りの兵児帯、黒地に赤く「血桜団」と染め抜いた袢纏を着て、京都右京区の松尾大社で行ったという。団の性格からいっても、記事の「血桜団」が前身とも思えないので、それ以前にこの名前がどこかで使われたのかもしれない。記事の事件に戻るが、張谷やすが齢一三で「男なんか女の二の腕を見せれば何うにでもなる」と豪語するのに対して岡田正雄ときたら「俺の様な者を捕えずに富岡団の四天龍坂本金龍、白龍、黒龍、小天狗をなぜ逮捕せぬ、私は決して不良少年ではないとうそぶき」とは、つくづく情けない奴である。

◎四十余名の不良少年少女白鷺団捕わる　団長は某大学商科生　副団長は勇のおせいと云う美人（大正一一年五月二三日　読売新聞）

過日来表町署では私服巡査十数名を変装せしめ不良少年を警戒中二十二日午後八時赤坂山王台に於て白鷺団長芝南佐久間町一の三飯島庄吉長男某大学商科生幸二（二〇）副団長四谷新宿一の八会社員川原政治二男印刷職工健吾（一八）同四谷伝馬町一の三川島経一長男中学生二年生政男（一八）団長秘書官兼副団長赤坂区田町六の三大野松之助二女勇のせい事せい子（一八）に、千葉県生れ、当時住所不定前科三犯稲葉さだ子（一八）外四十名を引捕え目下取調中であるが彼等は毎夜の如く赤坂区内を暴らし廻り通行人を脅迫して金品を捲き上げて遊蕩に耽っていたものである

少年少女（というにはぎりぎりの年齢だが）混成のグループだが、女性陣の迫力が目につく。まず大野せい子の「勇のせい」という名前がとても秘書官と思えないほどの「強め系」だ。そして稲葉さだ子は女だてらに住所不定の前科三犯である。懲りないというのかなんというのか。

大正一二（一九二三）年に、こんな記事が出た。題して「近頃の不良は男より女が凄い」（大正一二年二月二〇日付読売新聞）。曰く「きのうも、警視庁刑事部捜査課の手で調べられた二人の美少女があった、二人は昨年春三田のタイピスト養成所を卒えて目下丸の内の某会社にタイピストを勤める城井とみ（一八）神山さと（一八）＝仮名＝と云うので見た所■しそうな美貌の持主であるがこれで二三人の情夫を持って居り、その上先達て検挙された本所の不良団と連絡があるので、警視庁では二女の口から不良団の根城を突き止めようとしているが何分彼等の行動が神出鬼没で未だ全部がつかまらぬ、現に彼等一味については、刑事連が「自分達は丁度探偵小説『ジゴマ』の中にあるポーリン探偵の様なものだ」と云っている通り彼等は一味二十余名の若い男女からなり中には元良家の令嬢、女給、タイピスト、其他女事務員、学生等さまざまで団長は神田某中学に三年まで在学した青木某と云う二十四歳の青年だ」「かれ等は団長の宿所がきまるとそこを中心に集まり硬派は掻っ払い脅迫暴行ゆすりの専門、軟派の男女は垢抜けした美貌を囮に色仕掛けで働く、若し事が六ヶしくなると行李一つに布団二重ね程しかない団長の荷物をトラックに載せて姿を晦ましてる（ママ）」「何れ二人の美少女の口から、色んな恐ろしい事実が続々と漏れて来る事であろう」。またまた丸の内に勤める美少女タイピストの不良である。といっても、ハート団の約一年前の事件だ。仮名になっているので詳細はわからないが、なかなかの大物のようだ。そして、大正一二（一九二三）年になってもジゴマが喩えに使われているのが興味深い。

ここで、当時の「凄い」少女の事件を紹介しよう。

◎印度人の娘を誘拐　犯人は邦人の十八娘　三万円を持出させて（大正一二年二月八日　東京朝日新聞）

神戸市山本通り四丁目居住印度人貿易商の娘ブレーニ（十八）は先月二十七日夜無断家出した儘行方不明となったので大に驚き、各方面を捜索中であったが、ブレーニは同市野崎通り二丁目香川県生れの上田ゆき（十八）に誘拐され、衣類其他所持品を皆捲上げられ同家に数日間監禁された後、漸く虎口を遁れて同市若葉通りのカフェーに身を潜めて居たのを、五日夜葺合署に発見されたゆきはブレーニの父親が貿易商で巨万の財を蓄えて居る所から先月下旬同家へ女中に化けて入込み、色仕掛で同家の財産横領を企てたが果さず、世事に疎なるブレーニを言葉巧に籠絡して先月二十七日夜父親の留守中衣類装身具三万余円を持って連れ出し一儲せんとした事が判明した（神戸電話）

まずは女中として入り込み、色仕掛け（被害者ブレーニの父親か男兄弟を籠絡しようとしたのか）を試みて、失敗したとなれば娘を誘拐……なんとも果敢な少女である。障害をものともしないこの初志貫徹ぶりを他のことに利用したらもっといい人生が送れそうな気がするのだがどうだろう。

この頃は、家出少女も過激である。

◎男姿の女掏摸　娼婦に売らるる厭さに黒髪を断って　都に憧れた流転の少女

（大正一二年三月一日　東京朝日新聞）

此程象潟警察署の宇津木刑事に捕まった一人の女掏摸があった。鳥打帽に吊鐘マントを着た男装の美少女であった。帽を脱ぐと綺麗な五分刈頭が現れマントの下には久留米絣の揃いを着て居った。捕えた宇津木刑事も『始めは全く男子の言葉でしたが懐中が膨らんでいるので未だ何かかくしているんだろうと思って上から押えると驚きましたよ、柔かい乳房が盛上っているのでしょう』といい『女だなと訊くと始めて「然うよッ」てな声音を出すのです』この詳しい報告によって署長も驚いたという、男装の少女は若松市正篠寺町岩野勝一郎の娘須美子（十八）である、父は病院の代診を勤め実母と実兄と親子四人が睦しい生活をして居った、高等小学校卒業後は家庭の手伝いをしていたが友達が郷里を捨てて行く東京を憧憬して両親の許しを乞うと許されず一人秘かに計画して居るのを父親に看破られた、『お前のような女は朝鮮へ娼妓に売飛ばして遣る』父親に然う脅かされて須美子は驚いた、男装の決心はその時にしたので『髪を切って丸坊主になれば娼妓にならぬで済むだろう』と決心して黒く伸びた髪をプッツリ断って終い、散髪屋で五分刈にして貰った、鏡に映った変り果てた姿を見て須美子はモウ帰宅も出来ないと考えてフラ〳〵下の関まで来た、その時は無一文であったので巧に無賃乗車を企て汽車が静岡県下の鷲津駅に来るまでは無事であったがそこで車掌

> に発見された、それを同乗の静岡県浜名郡吉沢村の歯科医広中作造氏が同情して救い上げ自宅で書生に使うことにした、勿論男装の女とは知らず可愛い少年として連れ戻ったのだが須美子は約一週間もたつと恩人広中氏の鞄から現金百三十五円を拐帯（かいたい）上京し、品川、大森辺の宿に太田秀雄と名乗って泊っていたが浅草見物のために浅草区芝崎町の旅館松島屋支店に泊り込み毎日六区をブラ〳〵して居る中に拐帯金も遣い果して終った、須美子の掏摸はその窮乏結果であって花屋敷に入った客の現金八円をスランとしたのであった、廿四日午後三時頃の事で廿七日事件は検事局へ送られた、須美子は『モウ郷里へも帰れません』と危うい淵の絶壁を覗くような眼をしていた

実の両親や兄弟と睦まじく暮している少女までもがこの始末である。東京に憧れて家出するという子供のような動機から、髪を五分刈りにして男装し、無賃乗車、窃盗、掏摸という犯罪にまで身を落としたのは、むしろ大事に育て過ぎた結果なのだろうか。「お前のような女は朝鮮へ娼妓に売飛ばして遣（や）る」という父親の脅し文句も驚きだが、娘が真に受けるほどリアリティがあったということも、さらに驚く。この年、大正一二（一九二三）年九月一日には関東大震災が発生し、死者一〇万余人、三四〇万人の

被災者を出す未曾有の危機に陥った。天災ではあったが、浮かれた大正時代の都会人に対する天譴だという人もあった（『太陽　特集・大正時代』（平凡社、一九七四年））という。第一次大戦の物資需要で好景気に湧き、大勢の成金を生み出したことは前述の通りだが、劇的な景気上昇のせいで物価が暴騰しインフレに苦しんだのもこのころだった。労働運動が持ち上がり「ボル派（ロシア革命の理念、マルクス主義であるボルシエビズムを信奉する人々）」と「アナ派（労働運動を重視するアナルコ（無政府主義）・サンディカ（労働組合）リスムを信奉する人々）」が対立、約一万人の労働者が「八時間労働制の実施」「最低賃金法の制定」などを訴えた第一回のメーデーも、大正九（一九二〇）年に行われた。これらの騒然とした空気は不良少年少女をも直撃する。震災の九日前、東京朝日新聞に「不良少年のフトコロにも吹き込んだ不景気　旅費がないので遠い避暑地は見切り　手近な海水浴場をあらす」という記事が出た。当時、避暑地の婦女子を狙って悪事を働く不良少年が多かったが「不景気はこの世界までもくい入って収入が少くなりその日その日を夢の様におくっている彼れ等には五時間も六時間も汽車で出掛ける様な場所へは到底行かれないということになります」とのことで、一、二時間で行ける近場の避暑地に注意を促す記事だが、そのなかに不良少女の話も出てくる。曰く「「今年（こんねん）の不良の被害は矢張り一番市近接地が多くありましたが逗子鎌倉辺から随分あげて来ました。中で一人不良少女は『今度関東不良少女総同盟を組織し労働総同盟に対抗する積もりよ』と気焔をあげました。家庭の父兄に一言注意していただきたいのは避暑地より帰った後子女に見馴れない女文字の手紙がくることでこんな時はソット係〔警視庁不良少年少女係〕までお知らせ下さればキット未然に之を防ぎ得ることと思います」と語った」。彼女が対抗するという「労働総同盟」こと「日本労働総同盟」は、大正元（一九一二）年に結成された友愛会を前身とした労働運動の中心勢力で、その後、大日本労働総同盟友愛会、大日本労働総同盟と改称し、大正一〇（一九二一）年に日本労働総同盟となった。少女が結成するという「関東不良少女総同盟」はとくに労働問題に関係があるわけでもなさそうで、単に戦闘的な態度を真似ようという意図があるのかもしれない。どのみち、大震災でそれどころではなくなったであろう。

イタリー人狙撃事件

ここで時代を象徴するひとつの事件を見てみよう。当時衝撃をもって迎えられた一件で、以後警察当局は慌てて不良外国人リストを作成して検挙に乗り出した。第一報が入ったのは大正一四（一九二五）年九月二九日である。

◎十六歳の一少女が短銃で外人を撃つ　被害者はイタリー人＝二ケ所負傷　旧大使館内で兇行（大正一四年九月二九日　東京朝日新聞）

廿八日午後十時頃麹町紀尾井町六旧イタリー大使館内で同館居住のイタリー人ユ・リッチ氏は府下大森町望翠楼（ぼうすいろう）ホテル止宿深田たつ子（四三）の長女せい子（一六仮名）という少女のために五連発のピストルを以て射撃され、右肩先と内またの二ケ所に傷を負ったが、隙（すか）さずせい子に飛びかかってピストルをたたき落すと共に、戸外にのがれ紀尾井町交番に訴え出でた。交番からは直に詰合巡査現場に駆けつけ、警官の姿を見て裏山に逃げ込まんとするせい子を取押え、麹町署に引致取調中だが、被害者リッチ氏は最初交番に訴え出た後医者の許に行くと称し、何処にか出蒐けたまま同夜深更に至るも帰宅せず、同署ではその所在も調査して居る。

続けて二発撃ったが外れた　二人は震前から知合　せい子の父は軍人だという

せい子は母と共に震災前までは横浜に居住して居り、その当時リッチ氏も横浜で可なり大きな商館を持って居て、せい子母娘と知り合になったが、震災後リッチ氏は東京に引上げ前記旧大使館内に一人で住み、母娘も四ヶ月許り前から大森のホテルに移って来たので、たつ子の夫は軍人ともいわれて居るがせい子は中々の美人で、当日美しい洋装で午後九時過ぎリッチ氏を訪れ、対談中突然ポケットに忍ばせていたピストルを取り出し二発連射したが、何れも外れたので更に三発目を発射せんとした時、力及ばず相手に兇器を奪われたのであった

預けた指環を返さぬ為

兇行の原因についてはせい子は、単に母たつ子が予て(かね)リッチ氏に預けて置いたダイヤ入指環（価格四百円）を再三返却方を交渉したが返さないので、同夜もこれが督促に行ったところ言を左右に託してその請いを容れないので、予て用意して行ったピストルを取り出したとのみ申立てて居るが、他に深い事情ある様子である

婚約の仲とも伝う母親俄に上京

右につきせい子の母たつ子は「これには種々事情が御座いますが今は御話申上

げられません」と語っただけで、娘の上を気遣いつつ今暁零時すぎ上京した。尚周囲の人の話によれば、せい子とリッチ氏とは婚約の間柄であったとも伝えられて居る

すべてがうさんくさい事件である。少女がピストルを持っているのも不自然だし、イタリア人と懇意にしているというのも不思議だ。母親が事情があることをにおわせていることも気になるが、なんといっても襲われたリッチが行方不明というのにとどめを刺す。明らかに脛に傷持つ身とみて間違いないだろう。母子が止宿している望翠楼ホテルは、新井宿愛宕山（現大田区山王）に大正元（一九一二）年に建てられた二階建洋館ホテルで、小林古径、川端龍子、伊東深水、長谷川潔など近在の文士たちが創設した「大森丘の会」の会合の会場となったり、大正七（一九一八）年には音楽家のプロコフィエフが滞在したりと外国人や芸術家たちの社交の場であった。大正一一（一九二二）年には近くに大森ホテルができたため経営不振に陥り、昭和元（一九二六）年わずか一四年で廃業している。イタリア大使館は大正一一（一九二二）年から紀尾井町にあったが、事件の約二年前の大正一二（一九二三）年九月一日に起こった関東大震災で瓦解し、以前あった虎ノ門南西部の土地を返還されて移築している。つ

まり、リッチが居住しているという紀尾井町の旧大使館とやらは一時はかなり破損したはずで、修理して貸家として出したものなのか、勝手に住みついたのか、謎が残る。

◎外人射撃事件は何を語る？　悪魔的歓楽を追う外人の群、未亡人の群　せい子母子も舞踏場の女王――見知らぬ男女は斯く媒介され陶酔堕落の淵に臨む（大正一四年九月三〇日　東京朝日新聞）

十七の少女せい子がイタリー商人をピストルで撃った――この怖ろしい結末が来るまでの、この少女せい子と自省なきその母親いち子との生活は、全くただれ切った都会生活の悪魔的きょう楽のドン底で為された。低級なジャズ・バンドの響き、超道徳的きょう楽を追う旅の外人の群、かくて酒の香のむれる中に四十歳を越えた母親いち子は、濃い紅で塗り上げた唇と厚化粧と二十歳位の婦人の着る服装で、この少女せい子を伴いつつ押しかけた。その結末は、今や十七歳の少女せい子が麹町警察署の留置場でさめざめと泣く大詰めを見せているのである。東京の動揺(どよ)めきがたまたま、暴露したこの事実は更に幾多の婦人少女がかかる途をたどりつつある事を物語って居る母子の年齢も母の名前も第一報と違うが、それは置くとして、事件の舞台はどうやらダンスホールに移りそうである。

日本に於ける常設ダンスホールの開祖は、大正九(一九二〇)年横浜の鶴見にあった花月園といわれている。これは、新橋料亭花月亭の女将平岡静子がパリの遊園地をまねて大正三(一九一四)年に夫につくらせた施設で、海外で見たダンスに夢中になった静子が園内にある約二〇〇坪の建物を改装して舞踏場にしたらしい。誰でも利用することができたが、同伴者が必要だったようだ。カフェーから派生したダンスホールもある。村嶋歸之『カフエー』によると、大正一二(一九二三)年に片隅で女給を相手にダンスができるようにした大阪千日前「コテージ」が最初で、その後ユニオン食堂が真似をしたが所轄警察署から「飲食を営業とする食堂でダンスをやるのは範囲を越えていて許されない。やりたいのなら、別に営業として届け出てやれ」と命じられたため「大正十四年一月、食堂の二階の半分を改造し、リノリュームをひいてホールとし、活動写真館から楽隊をつれて来てダンスを始めた」という。記事にはこの後「東京市内でも今約十二三のダンスホールがあって」というくだりが出てくるが、わずかな期間に爆発的に増加したことがわかる。映画館やカフェー同様、ダンスホールも不良少年少女や不良外国人の巣窟になった。記事の続きを見てみよう。

せい子がピストルをポケットに彼のイタリー人を訪問するまで、親と共に入りびたって居たダンスホールとは何んな処か――外人たちは鎌倉の海浜ホテルへ大概土曜に行って踊って月曜の朝帰る、東京市内でも今約十二三のダンスホールがあって例の警視庁のダンス取締以来大分衰微したということだが、出入する男女が全部というのではないがその一小部分にとっては、今でもここが如何わしい媒介所となっている。まず男女は紹介されてパートナーで踊り、帰りは男が女を送る。そして図々しい外人になるとその女の宅を覚えておいて他日その宅へ押かけて行って交際が始まるという筋道で、外人相手を専門にやっている女連中は一つの群を作っていて、他の貴婦人令嬢とは余り口を聞かないらしいが、この群は諸所のダンスホールに出入して知り合いの外人をお互に紹介し合って、甲から乙へ、乙から丙へと浮草の様に移り行く生活をくり返している。深谷母娘などもダンス仲間のスターであって、この外にも富豪の未亡人らしいのが母子連でやって来るのがザラに目につく。

どうもこのダンスホールは出会い系としても使われており、せい子と母は言葉は悪いが「外専（外国人を専門につきあう人）」だったようだ。ほかにも「ただれ切った」生活をしていた人はたくさんいたらしく、いつの時代にも外国人男性というだけで群がる日本人女性は絶えないということがわかる。記事は長々続くが、事件の詳細部分をひく。

二十八日兇行のあった暮れ方彼女は六時頃少女心にも最後の膝詰談判の意気込みで単身元オーストリヤ大使館にリッチを訪問、階上応接室に導かれるままに入って早速指環の件を語り出すとリッチは「指環は返す」と今までにない好感を持った口振に彼女もほっと安心の体で夜食を共にして居る中にリッチは何気ない風に高価な指環の代償にせい子に言い寄った、丁度その時せい子はオペラバッグから姿見を出しパチンと口金の音をさせたのを聞いたリッチが「今のはピストルの音か」と尋ねた時かん強い彼女の頭には何ものかひらめいて指環を取り戻すか自己の貞操を守るかと思った瞬間父から母親が別居した時もらい受けた五連発のピストルは堅く手に握られていた、銃口はすぐリッチの前に擬せられた、始めの目的は単に威かくの意味であったが彼のあざ笑いにかっとすると人差指は引金を引いた、最初の弾は肩を撃ったが二発目はももに命中した……とせい子は係官の取

調にはき〳〵自白して居た

オペラバッグの口金を閉じる音をリッチがピストルと聞き間違えたことでかえってせい子を刺激したというくだりはリアリティがある。オペラバッグとは観劇やパーティなどの際に用いる小型のバッグで、実用性はあまりなくおもに装飾として持つものである。なお、記事中に唐突に出てくる「元オーストリヤ大使館」だが、旧イタリア大使館のある紀尾井町の土地は旧オーストリア・ハンガリー帝国大使館の所有だった。つまり「旧イタリー大使館」と同所である。

さて、記事は問題の指環の入手経路についても伝えている。

◎舞踏場にさいた米国青年の恋　かかる高価な指環がせい子の手に入るまで

母親のいち子はこの頃健康を害して望翠楼に引きこもり勝ちだったが六月から急にパトロンを失ったせい子は諸種の入費に事欠くようになり八月半頃から毎日の様に出歩きダンス場の関係から知り合いになって居る金持連をたよっては昨夕刊諸報の如く「一個千円のダイヤ三ツをちりばめた指環があるんです、買い取っていただけないでしょうか」と哀願していたそうだが、それが今度の事件の中心となった指環である、然したれも親切に取り合う人とてもなく、せい子は空しく歩き回っていた、この高価な指環が何うして、せい子の手に入ったのであろうか、それは震災の前年せい子がまだ十四歳の時、アメリカから来た実業観光団中の一米国青年がたま〳〵快活で美しいせい子の少女姿にあこがれ、両三度海浜ホテルにせい子のパートナーとなって踊るうち、いつしか両人の間には烈しい恋の情火が燃え上り、遂に青年より結婚を申し込み、その印にとせい子に与えて行ったものであるが、その後青年は肺病にかかり、それが為にせい子との婚約は破られ、青年はピストル自殺をして仕舞ったというのである。

指環の値段が第一報の「四百円」から「一個千円のダイヤ三ツちりばめた」三〇〇〇円に変わっている。岩瀬彰『「月給百円」サラリーマン 戦前日本の「平和」な生活』(講談社現代新書、二〇〇六年)によると、大正末期から昭和初期にかけて目安としてよくいわれた「月給百円」は、さまざまな物価と併せると二千倍くらいが現代の価値に近いという。だとすれば四〇〇円は八〇万円、三〇〇〇円は六〇〇万円くらいだろうか。ダイアモンドの指環ということを考えると三〇〇〇円が正しいのかもしれない(「四〇〇〇」円と伝える記事もある)。夜な夜なダンスホールに通うような華やか

おいて[illegible]同署長、警視廳刑事部
鑑識課長、塚本檢事等に依り詳細
外元氣な面持ちで悠する色なくス
ラ／＼と塚本檢事や小法主任の尋

ダンスホールの女王として

（右が母親いち子、左せい子）

言ひ寄つた
その
バックから
金の首をさ
は「今のは
た時かん[illegible]
かひらめい
己の貞操を
から母親か
た五案[illegible]の
れてゐた、
に[illegible]せられ
目的
味であつた
こすること
最初の弾は

異様な風体でダンスをする深谷母子。右が母親のいち子。左がせい子ことあい子（大正一四〔一九二五〕年九月三〇日付東京朝日新聞）

な暮らしをおくっているとはいえ、母娘二人の生活には大金だ。これをポンとくれるほどに裕福な米国青年とせい子の結婚がもし成立していれば母も悠々自適になっただろうが、世の中そううまくはいかない。米国青年が罹った病は泣く子も黙る「肺病」である。肺病、つまり結核は第二次世界大戦後に抗生物質を用いた化学療法の普及などによって激減するまでは不治の病と恐れられ、年間死亡者数も十数万人に及び、国民病・亡国病といわれるほど広まった。さすがの母娘も、命あっての物だねと裸足で逃げたことだろう。かわいそうなのは自殺するまでに思いつめた米国青年だが、一四歳のころからダンスホールを渡り歩く生活をさせられ、しまいには誰かれ構わず指環の買い取りを持ちかける羽目に陥ったせい子もかわいそうといえばかわいそうである。記事には母と娘がそれぞれ男性とダンスをしている写真が添えられ「ダンスホールの女王として」というキャプションがついているが、二人はかなり異様な風体である。母は派手な総市松柄の着物を着ており、娘は大きなリボンを頭につけ、膝丈のワンピースに白いハイソックス、黒いワンストラップシューズと少女歌手のような格好だ。一六、七歳なのに幼児のような服装で男性と密着して踊る姿は、倒錯的である。

さて、行方不明だったリッチは無事見つかって事情聴取を受けたが、指環は自分が持っていること、それが母娘のものであると認めている。そして翌一日付大阪毎日新聞によると、母娘とは単なる友人で九段を散歩中に知り合った、指環は横浜の「サムライ商会」で作らせたもので「諸君の想像されるような怪奇的な話でも何でもない」と語ったが、記者は「あくまで美しい交際の様な弁明であった」と軽くいなしている。それもそのはず、せい子と同じ留置所にはほかにもリッチに誘惑されたという高塚ゆき子、木立はる子という少女がいた。彼が自分で言うほど潔白とは思えない。

事件の推移は少し置くとして、深谷母娘の生活について大正一四（一九二五）年一〇月一日の大阪毎日新聞からもう少し見てみよう。東京朝日新聞で仮名扱いだったせい子は、ここでははっきり「深谷あい子」と書かれている。

はでな衣裳で大阪にも現わる　ダンス教授を看板に外人と醜態も見せた

加害者あい子がはじめて大阪に現れたのは、大正十三年の三月初めのことであるが、芦屋辺にかなり豪奢な家を構えはでな衣裳に燕達の視線を集めていたもので、神戸ではオリエンタルホテルに足しげくかよい、母は西洋の社交儀礼を、娘はダンスを、大阪堂ビルホテルの一室で教えると表看板を麗々しく掲げ、月謝は靴下一足代で結構ですからと口ぐせのようにいっては宣伝を怠らなかったが、大阪での公の会合に現れたのは同年五月御成婚祝賀記念当日踏華倶楽部主催の今橋ホテルで行われた舞踏会の席上であった、その時は招待状がなければ全然入れなかったものを誰に与えられたものか今なお疑問とされている、この頃からその不身持は相当人の噂にも上っていたらしく現在親子を知る大阪の某紳士は「オリエンタルホテルで■■顔の西洋人と卓を囲んで見苦しい容姿を見せつけられた時には人事ならず腹が立ちました」といっている位で、自然と習いに来る人達も出来なかったのであろう。それでも年末頃まではたび〳〵ダンス場やカフェーにバーに相携えて姿を見せていたがその後はさっぱり見かけたものもなく話題にも上らずにすんでいた

在神当時の母子　リッチとは特に親しくしていた

加害者深谷あい子とその母親いち子は、本年四五月頃に神戸オリエンタルホテルで催される一週二三回のダンス会に出て、仲間で相当の人気者になっていた、常にリッチ氏とダンスホールで会っては同氏の紹介による外人等とよく夜遅くまで踊りぬいて外人の自動車で送られて帰ったが、その身許などについてはあまり詳しく知っているものはない。

当時リッチ氏はイタリーから遂って来るベルモットを売り歩いていた男でイタ

リーの家から同ホテルを通じて総ての書信が来る関係から、始終ホテルに出入していたが金廻りがよくないらしくまだホテルにも借金を残したままになっている。親子ともホテルに泊るようなことは一回もなく金払いもきれいにしていた、その後このホテルに出入している間は常にリッチの紹介による外人ばかりとよく交際しリッチ氏とは特別親しくしていたので何かと噂の種をまいていたが、外の人々とは別に噂もなかったと同ホテルではいっている。

この記事を文字通りに受け取るなら、母子は西洋マナーやダンスを教えて生計をたて、リッチは洋酒輸入業を営む一イタリア商人である。芦屋に豪奢な家を構えたり、ホテルの一室を教室にしたり、外国人とつきあったりと派手な生活をしてはいるが「不身持」「見苦しい容姿」などと書かれる根拠がいまひとつわからない……と考えていたら、現代人にもわかるようはっきり書いてくれた記事があった。大正一四（一九二五）年一〇月四日付大阪毎日新聞の「悪魔の機会　少女の外人狙撃事件」である。「今度のピストル事件の被害者リッチなるイタリー人は、侯爵と名乗って、外人関係商事会社の女事務員女タイピストなどに近寄り金品贈与、会食、舞踏さまざまの方法で若い職業婦人連と遊び戯れていたという。或は加害者なる少女に、外人専門の売春を世話してコムミッションをせしめて居たともいう。加害者は未だ肩揚げのとれぬ少女であるのに、既に妾稼ぎをやった経験もあり、常に洋装して在留外人の間を渡り歩き、その母なる女は四十過ぎた年増のしわを厚化粧に匿し、濃い口紅の間から齢に恥じぬ言辞を発し、廿歳(はたち)前後の女の衣装で、問題の娘を連れ、東京、横浜、鎌倉、京阪神と外国人を追い廻わして暮す札付の親子だったという」。これでようやく三人の正体がはっきりした。つまり、あい子は売春も辞さない不良少女で、母は女衒、リッチはブローカー、リッチと母子は持ちつ持たれつの関係ということのようだ。ちなみに、リッチが売っているというベルモットだが、村嶋歸之が『カフエー』のなかで「カフエーと酒場は『洋酒の大衆化』の責任者である」と書くように、それまで日本ではあまり親しまれていなかったアブサン、ウォッカ、ジン、クアントロ、キュラソー、ベルモットなどの洋酒がカフェーの進出とともに一気に広まり、需要が高まった時代であった。

結局、本人の入院中に行われたリッチ宅の家宅捜索で密輸入の証拠を押収し「新な方面に官憲の活動を見るに至るべく警視庁係員等は非常な期待を以ていきおい込ん」(大正一四年一〇月一日付大阪毎日新聞)だが、事件自体は一転、「問題の指輪はリッチのもので、其れを彼女が強要したが応ぜなかったのでピストルで強奪しようとした」

と検事が主張したことで、あい子は「七日午後罪状明白となり強盗未遂殺人未遂罪として同検事に起訴され収監された」（一〇月八日付読売新聞）。

以降、断続的に記事が出る。「一平氏の『どぜう地獄』を読んでいる愛子　未決監で洋食のゼイタクさ　毎日面会にくる母親」（一〇月九日付読売新聞）、「例の深谷愛子保釈で出獄　昨夕市谷刑務所門前で母親と相抱いて泣く」（一一月八日付読売新聞）、「罪の愛子に……甦った父の愛　きのうも裁判所につき添って　親子三人元の鞘に」（一一月一〇日付読売新聞）、「愛子が身を滅ぼした恨みの指輪　きのうリッチの手え（ママ）近く殺人強盗未遂の公判」（一一月一五日付読売新聞）、「洋装の愛子裁判所え　リッチ事件取調」（一二月一一日付読売新聞）……。未決監に収容されたあい子が朝は牛乳とパンと半熟卵、昼と夜は牛肉や鶏肉をメインにした洋食を食べているという話や、岡本一平の『鰌地獄』を読んでいること、保釈された際には紫地に白の花模様の錦紗の羽織姿だったこと、公判準備の質問のために東京地方裁判所に出廷したときは「コバルト色の洋装に樺太産の狐首巻黒のオーバ着込んで踵の高い靴を鳴らして歩」いていたことなどが逐一伝えられた。翌年の一月には「あの人たち（十一）和服に着替え洋酒飲んで居る　深谷愛子」（一月二〇日付読売新聞）として「母は鬱状態になっているが、愛子は元気で、鎌倉や箱根に遊びに行ったりもしたが、後ろ指を指されるのでこの頃は洋酒を買い込んで家で飲んでいるが、「わたし悪かったのかしら」というような事は最近になって言っている」と出ている。そしていよいよ一月二二日午前一一時、東京地方裁判所刑事二号法廷で裁判が開始された。傍聴は禁止されず、傍聴券一五〇枚が発行された。当日の模様は「裁判長に甘える愛子の嬌態　濃厚にお化粧して　リッチ狙撃犯の公判」（一月二三日付読売新聞）に詳しい。あい子は漆黒の断髪、鶯茶色の洋服、黒のオーバー、白狐のマフラー、オフホワイトのタイツにハイヒール、濃厚な化粧という出で立ちで登場。公訴事実の確認が始まった。それによれば、体が弱く小学校を三年で退学、以来母の家庭教育に任されていたが、一二歳頃からダンス場に出入りしていた。大正一一年に両親が別居すると八五〇〇円の養育費を受け取ったが、この金はあっという間に無くなったという。リッチに関して検事は、情交を強要されたため殺して指輪を奪おうとしたことを確認。問答の間も一六歳と思えないほど落ち着き払っていた。両親や兄についても問われ、あい子の口からは母の派手好きな性格や父の嫉妬深さが語られた。

裁判長「何が好き」

愛子「チョコレートで一箱〓八円のものを一日で食べます。芝居は嫌いで、活動は暇潰しに行くだけです、小説も嫌いですがトルストイのものなどは、読みました」
裁判長「女の操とはどんなものか知っているか」
愛子「少しも存じません。ママアなどこんな教育は少しもして下さらないのですもの」
裁判長「交際した外人は誰々か」
愛子「メキシコ公使ホーキン、メッシャーと領事パスペラー、智利代理大使ランボーさんなどです」
裁判長「伊太利人リッチは」
愛子「あの狸はママアの友達です」
裁判長「どうして子供であるお前にそんなに交際を求めるのか」
愛子「それは妾の機嫌をとって何とかするつもりと思ひました」

ここで裁判長が風俗壊乱を理由に傍聴を中止、審理は午後四時まで続いた。次回公判は二月一五日、兄が証人として立つという。この裁判については、南部修太郎による「深谷せい子裁判傍聴記」が雑誌『文藝春秋』大正一五年三月号に掲載されている。

といっても、傍聴が初めてということで裁判所に行くまでの話が長く、あい子に関しては印象記にすぎない。

深谷せい子。これがまた案外だった。と云つて、新聞によく出る強盗殺人犯如き犯罪人相を予期していた訳でもなかつたが、モダァンガアルと云へば何となくすぐ頭にくる所の、あの丸ビルや帝劇なんぞによく見かける、耳隠し厚化粧の助べっ臭い娘ぐらいには想像していたのだが、まるで飴チヨコでもしゃぶって喜んでいそうな、強盗殺人未遂なる物々しい罪名にはあんまりそぐわな過ぎる、甘たれのお嬢さんとしか見えないのだ。（中略）何しろ彼女の様子には初めから仕舞いまで少しも固くなった所がなかつた。云ひ換えれば、犯罪に対する良心の呵責とかそう云う罪に問われていると云う恥辱感とか法廷に立っていると云う畏怖心とか、多くの人前に立たされていると云う羞恥心や気おくれなどからくる心身のぎくしゃく味が全くなかった。そして裁判長との問答の如きもまるで家常茶飯の対話的態度で実にはきはきと実に明瞭に実に要領よくやって行くのだ。たとえば「だって、だって、そんな事知らないんですもの
う……」と云った調子なのだ。

こんな答え方が「実に明瞭」とも思えないが、ともあれ強烈な媚態だけは伝わる。そして自分の罪を裁く場で媚態を示す余裕があるというのもなんだか不気味だ。南部は義憤に駆られたのか、傍聴記の結びに「どうせ事の序でに、みんなピストルで打ち殺されてしまえばよかったんだ！　助平毛唐め等！」などとリッチに呪詛を吐くほどすっかりあい子に肩入れしている。よもや裁判長もあい子に惑わされたわけではないだろうが、「堕落した上流遊民のみせしめのため」（一〇月三日付東京朝日新聞）未成年と言えど厳しい刑になるだろうという予想に反し、執行猶予四年の「寛大な」（七月二日付読売新聞）判決となった。その後のあい子は、映画に出るとかカフェーに出るとかの噂はあったようだが、鈴木賀一郎『防犯科学全集　第7巻　少年少女犯篇　女性犯篇』（中央公論社、一九三五年）には「彼女も今は破鏡の悲嘆を銀座のネオンの光でまぎらわせているそうだが」との記述があり、昭和一〇年頃には銀座にいたらしいことがわかる。さらに付け加えると、戦後の昭和二九年に四五歳のあい子が窃盗で捕まっている。その際も「〝リッチ事件〟の愛子　窃盗で捕まる」（昭和二九年七月一八日付読売新聞）と書かれている。なお、この事件がいかに話題になったかを示す証左として、『踊り子の指輪』という映画になったこと（島津保次郎監督、吉田百助脚本、桑原昴撮影、出演は英百合子、筑波雪子、松井千枝子、林千蔵、秋田伸一、河村黎吉、武田春郎など。松竹蒲田で大正一四年一〇月封切)、事件の予審調書と称する「罪の裁き」という地下本(少女愛子がリッチに手込めにされた経緯を調書風に手書きで記し、唐突に春画風挿し絵が入った冊子様の本)が出回ったことを挙げておく。

さて、この事件でもっとも長く報道された人物は、実はリッチだった。事件から一年後の昭和二年一月二七日付読売新聞には売薬法違反で収監。四カ月後には元ロシア少将から一万円を借りて買い込んだ洋酒をイタリア大使館の物置小屋に大量に保管し、麻布の一軒家を借りて売りさばいたり、通行中の女性に声をかけ寄りそうようにしていたのを顔見知りに見られ警察に密告されている。そのさらに四カ月後にまたもや女性を誘惑していたため、国外退去を命じられる。一体、このリッチという男は何を目的に日本に居続けるのか皆目わからない。翌年の昭和三年二月には洋酒輸入の件で揉めて東京地裁に訴えられ、六月には逆にリッチのワイン一ダースが盗まれたが戻ってきたという報道がなされているが、まだ日本にいたのかと呆れるばかりである。前掲『防犯科学全集　第7巻』には、あい子に関して「骨の髄まで喰い入っている三ツ子の魂はこれから先きどんな無軌道振りを彼女に発揮させることであろうか」としているが、いやはやあい子とリッチのバイタリティにはついていけない。

不良外人問題と心中の流行

ともあれ、この事件を受けて四日付読売新聞では「婦人は＝（ママ）用意して外人にちかづけ白人は優れていると思うのは間違いの元」と題した武藤具三の記事が出たり、不良外国人の一斉検挙が行われたりした。一〇月一五日付大阪毎日新聞「不良外人の検挙に警視庁が手を下す　まずその手はじめに悪ドイツ人の行方を捜す」では、悪ドイツ人ヘルマンミネスに「千数百円をかたられた」アメリカ大使館附武官マキットリック、クリックスウェル両被害者が望翠楼ホテルに止宿していたとある。よくよく事件に巻込まれるホテルに見えるが、ホテル自体がどうというよりはそれだけ在日欧米人のモラルが低下していたのだろう。前述の「婦人は＝（ママ）用意して外人にちかづけ」では「一体欧米人は日本人抔（など）は一人前の人間とは思っては居らず、夫れが治外法権の撤去、対等条約等に依って又日清日露欧州大戦等の好影響に依って、人間らしく認むる様になったが、因襲の久しき今尚お日本人を下等視して居る。日本人も亦（また）自屈になれて白人の前では、今尚お邦人同士よりも、よく言えば譲歩し、悪く言えば非常にペコ〳〵して居る。此（この）悪弊は茲に在留外人を増長せしめて、不思議な事には欧米本国に於ける其国人が在留日本人に対するよりも、却って日本の国権下に於ける欧米人の日本人に対する方が悪いと云う様な奇現象を呈して居る」と強い語調で書いている。歴史的にみると、当時の日本はまさに「日清日露欧州大戦等の好影響」で得意になっていた時期だったが、それと同時に欧米の文化や軍事力、経済力に追いつこうといまだ必死な時期でもあったことが、この記事からもうかがえる。

一方、三日後にはこんな記事が出た。

◎女から誘惑された外語のインド人教師　惜しい人だが免職（大正一四年一〇月七日読売新聞）

外語のインド語教師インド人リッシシバルダット氏が錦秋女学校の生徒をピストルでおどかして情を通じたという事件は、其の後調査の結果、女は札附の不良もので女の方から誘惑したという事実がわかったが、問題が問題なので学校当局でも重大視し、六日長屋校長が文部省に出頭協議の結果、同教師は学問も出来生徒よりもうけがいいが、学校に対する取締上断然免職する事に決定。近く発表を見る筈。

ぬれぎぬを着せられた揚句に免職とは、痴漢冤罪並みに理不尽な話である。リッシシバルダット氏も二度と女学校には就職しないと心に誓っているのではないか。そもそも、札付きの不良なぞを野放しにしていた学校側の責任が問われないというのはおかしい。ついでといってはなんだが、錦秋女学校はわれらがハート団の鈴木静子が通っていた学校である。

◎盗んでは高飛びし　放浪の二少女（大正一五年七月一一日　読売新聞）

十日午前八時半頃日比谷署椎名刑事が年齢十七八歳の洋装の美少女を取調べ中であったが、右は北海道函館市鶴岡町三六浜田さき（ママ）子（一七）仮名と云い、旭川警察署の依頼で芝区金杉川口町二四宇田川源太郎方に潜伏中を連行した（ママ）来たもので、同女は函館市立高等女学校在学中両親に死別してから不良少女となり警察の要視察人とまでなったが、友達の同類函館市旭町三浦節子（一八）仮名と共に家出し、去る五月六日旭川市に赴く途中、同車した同市一条通り九丁目左の二号小樽新聞販売店主狩野竹次郎氏に哀願し同店に雇われ中、店主の手提金庫中より現金二百八十五円及びプラナ（ママ）ス製指輪、金指輪各一個外数点の貴金属類を窃取逃走し、青森県弘前駅前の金貞旅館に宿泊中、同市曙町三〇吾妻金弥方より現金七十円を窃取した外、盛に悪事を働いている中東京丸ビル三階帝国文化院会員岩出徳（二六）園田豊（二四）の両人が泊り合せたのに接近し、哀れな身の上話をしたところ両名は大いに同情し、翌日さき子、節子の二人を同伴出京し岩出の下宿なり前記宇田川満太郎方二階に置いている中去月末岩出と節子は不義理が重なって駈け落ちして琵琶湖に投身情死し、残されたさき子は園田との逢う瀬を楽しんでいたもので同署にては郷里に打電中である

行く先々で窃盗しては逃亡するというところまでは不良少女にありがちな行動だが、出会った不良少年と駆け落ち心中というのは尋常ではない。とはいえ、大正期は心中や情死が流行していたのも事実である。有名なところでは、大正六（一九一七）年三月七日に伯爵夫人の芳川鎌子がお抱え運転手と列車に飛び込んで心中しようとした事件（鎌子は撥ね飛ばされて一命をとりとめ、運転手は飛び込みに遅れたため短刀で自害した）、大正一〇（一九二一）年一一月五日の哲学者野村隈畔と教え子岡村梅子の入水心中事件、大正一二（一九二三）年六月九日の作家有島武郎と編集者波多野秋子の縊死心中事件などがあるが、ほかにも大正二（一九一三）年四月一〇日に男爵千家鯱麿が平民の少女山本しづとの結婚を反対されてふたりで貨物列車に飛び込んで自殺したり、

男爵北里柴三郎の長男俊太郎が芸者琴籌と中禅寺湖で入水自殺未遂をしたり（俊太郎は一命をとりとめる）、庶民の事件では吉原遊郭で鋏で舌を切って心中未遂するなど、数えきれないほどあった。時代の空気に敏感な不良少女がこれを真似しないわけはない。ましてや節子とさき子のふたりは、新聞販売店主にも旅館に宿泊中の不良にも情に訴えるのが得意の様子。瞬間的に気分が盛り上がってしまう性質のようだ。友人が死んだというのに「さき子は園田との逢う瀬を楽しんでいた」というのも、心中を幸福なものと捉えているのか、単に割切りが早いのか理解に苦しむところだ。

◎女ばかりの詐欺団（大正一五年七月二〇日　読売新聞）

（福島電話）福島県平町字鎌田区長永島某長女まち（二〇）藤田よし（二一）外数名は詐欺団を組織し同町内に堂々たる事務所を借受け平町を中心に各種の詐欺を働いて居た事発覚し、十九日平署に逮捕されたが、同団の事務所を捜査したところ、変装用具等多数発見された為、取調の進むに従い、上流家庭の娘十数名連累者として取調べられる模様である。尚前記永島藤田の両名は東京で不良少女団として腕を磨いたものであると不良少女団というと盛り場をうろつくイメージがあるが、事務所を借りるとはずいぶん大胆だ。しかも東京の真ん中ならいざ知らず、福島県で行うとは珍しい。と思ったら、主犯のふたりは東京の不良少女団で腕を磨いたとのこと。都会型の犯罪が地方に広まるひとつのモデルケースだったのかもしれない。

文界の愚連隊、ふたたび

大正時代についての章もそろそろ終わりに近づいたが、締めくくりとしてこの記事を紹介する。

◎紅灯を恋慕し飲み歩く愚連隊　辻文雄クンがおん大将で『紅灯恋慕会』が生まれる（大正一五年一月二三日　読売新聞）

浅草松葉町二の大久保方の離れ二階を根城として「紅灯恋慕会」という名前を聞いただけでもぞくぞくする様な『愚連隊』の会合が生れた。目下趣意書を作製中とあるから今月中には堂々と打って出ることであるが、この肝入りは洋画家辻文雄君（三四）である、同君は曾て兄弟弟子の田島百合子との濡れ幕で三日に亘って新聞紙上で公開状を叩きつけられたり、帝劇歌劇部の山根千代子と関係して沖野岩三郎氏に「星は乱れ飛ぶ」を書かれた『豪の者』であるからこの会を聞き込んだうずうず連の申込み状は既に百余通にも及んでいる、何がさて文士、画家、音楽、俳優となるべくいかものを集めようとする魂胆で、轟天明兄弟、伊沢蘭奢、河合澄子、岩間百合子、三浦しげ子、沢マセロなどの凄いお仲間が最先に馳せ参じている、一ケ月三円の会費で金は少くても面白く飲むというので締切までに集まった中から操行や身元を銓衡するそうだが誰が銓衡するのか眉唾ものである。右に就きおん隊長辻君は語る「我々は普通の酒や女には嫌々したから、変った興味を求めた事です、階級を打破し、男女を解放して、会員の推賞するレストランを逐次廻ろうというんです。また、会員の作品や、会の切符などもお互に売ってやる組織ですが何分申込み者の多いのには閉口しています、世間には愚連隊の多いのに驚きましたよ」と涼しい顔。

また浮かれた芸術家たちの「愚連隊の会合」発足の報告である。「階級を打破し、男女を解放して、会員の推賞するレストランを逐次廻ろうというんです」とはよくわからない活動内容だが、作品や会の切符を売ったりもするらしく、芸術家の相互支援と交流を目的とした会なのだろう。しかし、あえて「普通の酒や女には嫌々したから、変った興味を求めた」などと言ってしまうのが彼らのお調子者なところである。案の定、八日後に辻文雄本人の談話記事「愚連隊にあらず――警察から睨まれて『紅灯恋慕会』困りぬく」（大正一五年三月二日付読売新聞）が出た。それによると、前述の記事が出て以降、親戚や友人から叱責や忠告を受けたのみならず、七軒署保安課刑事の訪問を受けたとかで「何卒御賢察下さいまして私及びそれら皆んなの為めに是非『根城』『愚連隊』『いかもの』などの文言を御取り消し下さいます様御願い申上げます。『紅灯恋慕会』名称だけ聞いていると一寸何ごとか連想せられないこともありません。が決して不良の集りでもなく、愚連隊の集団をつくる目的でもないことだけは主催者内田涙花君のみならず、私も明言出来得ます。私などの考えでは享楽のうちに御互が心から打ちとけて御互の立場を理解出来、そうしてお互の利益の為めに努力しあう様な時のくるのを期待しているのです」と伝えているが、大正元年の「モンスター会」の記事と同様、新聞社自体が「根城」「愚連隊」「いかもの」といった表現をあらためるわけではなく、当人の釈明を掲載するにとどめているのが興味深い。それらの表現は確かに誤解を生むが釈明記事の「享楽のうちに御互が心から打ちとけて」といった表現も、まだ誤解を生む余地がありそうである。とはいうものの、明らかにユーモアまじりの「紅灯恋慕会」結成の記事に、ところどころ赤い線を引いていた刑事を見た辻文雄が「其の時に事のついでにそんな職業の方達（刑事のこと：筆者注）が余りにこんなとに（ママ）神経過敏でありすぎる事をお話しました」というのも理解できる。治安維持法が制定されたのはこの前年のことで、警察が結社や組織にいかに目を光らせていたかがよくわかる。「愚連隊」を名乗るにも覚悟が必要な時代になった。

附　草創期の新聞社と記者たち

さて、本書は明治から昭和初期の新聞記事を参照しているが、当時の新聞社や記者について少し触れておこう。

日本に於ける新聞の嚆矢（こうし）は、文久元（一八六一）年五月に長崎で創刊された居留地に住む外国人向けの『ザ・ナガサキ・シッピング・リスト・アンド・アドバタイザー』といわれている。その後、明治政府が樹立する前後に中外新聞、江湖新聞、内外新聞などが相次いで創刊されたが、幕府を支持する論調がきっかけで新政府の反感を買い、一旦すべて発行禁止となる。政局が安定した明治二（一八六九）年に中外新聞が復刊、以降、海外新聞、横浜毎日新聞、新聞雑誌（後にあけぼの、東京曙新聞と改名）、東京日日新聞、郵便報知新聞などが次々と創刊され、隆盛をきわめた。

明治初期の新聞を大別すると「大新聞」と「小新聞」に分かれる。「大新聞」（東京日日新聞、郵便報知新聞、朝野新聞など）はおもに政治を扱い、知識階級を読者としているのに対し、「小新聞」（読売新聞、東京絵入新聞、かなよみ新聞など）は三面記事的内容を多く盛り込み、庶民を読者としていた。本書でも引用している読売新聞などは、第一号（明治七年一一月二日付）に「稟告」として「此の新ぶん紙は、女童のおしえにとて、為になる事柄を、誰にでも分るように書いてだす旨趣でござりますから、耳近い有益ことは、文を談話のように認めて、御名まえ所がきをしるし、投書を偏に願います」と方向性を示している。これら「小新聞」は、難しい漢字には意味が通るよう読み方と違うルビをつけたり、挿絵を入れたり、スキャンダルをとりあげ（芸者のうわさ話を取り上げたかなよみ新聞の「猫々奇聞」など）、実際の事件を戯作調に仕立てた「つづきもの」と呼ばれる読み物シリーズ（高橋お伝などの毒婦ものもこれに当たるが、エスカレートしたため、明治二〇年ごろ法整備がなされて廃れた）を始めたりと工夫を凝らし、広く読まれるようになる。逆に「大新聞」は部数が下がったため、内容と価格を「小新聞」に近づけ、明治一八（一八八五）年ごろには両者の違いが薄れていったという。日清戦争前後には「不偏不党」の姿勢が新聞の主流となり、報道や家庭記事が増え、商業化に向っていく。日清・日露戦争で度重なる号外を出したことで輪転機を自社で持つ必要性が高まり、明治後期には夕刊や地方版、専売店制などが導入されるなど、資本のある新聞社しか生き残れない時代に突入する。途中、政府や政党に依らないことを謳った独立新聞（万朝報、日本、二六新報など）が現れるが、昭和の初めごろには衰退し、ほぼ現在の状況に至る。

つぎに、新聞社で働く記者に目を向けてみよう。「記者」という言葉は、慶応四（一八六八）年ごろから見られたというが、現在とはさまざまな面で違いがある。たとえば、新聞草創期には記事不足だったため、大部分を読者の投書や通信に頼っていた。先に挙げた読売新聞の「稟告」にも投稿を呼びかけるくだりがあったが、謝礼を出したり、新聞社宛の原稿郵送料が無料になる制度ができたりしたことで、投書の気運が高まっていく。とくに自由民権運動華やかなりしころ、政治論を扱う「大新聞」では、投書家の主張が議論を呼んだり、ときには投獄されることもあったらしい。彼らは影響力が強かったため、新聞社からは丁重に扱われ、盆暮れに接待されたり、記者として登用されることもしばしばだったようだ。対する「小新聞」の投書家は、裕福な商人や職人、戯作者など悠々自適な人種で、本業が忙しくなるとやめてしまう人も多かったが、社から正式に原稿を依頼され、そのまま文筆業にすすむ者もいた。

明治期の「記者」は具体的にどんな仕事をしていたのか。実は、取材を担当するのは記者ではなく「探訪」とよばれる人々である。世間に流布するうわさ話を聞き出し、記者に報告し、記者が記事に起こして掲載する。探訪は元刑事や岡引、士族くずれなどが多く、文字すら書けない者もいたらしい。『唾玉集　明治諸家インタヴュー集』（東洋文庫592、平凡社、一九九五年）の「新聞探訪の述懐」という明治三〇（一八九七）年ごろの貴重なインタビューには「（探訪のことを：筆者注）世の中では非常に賤な者と見做して、又新聞社でも賤しく見て居るらしいです」と伝えている。その理由は、弱味を握った家に押しかけ、記事を種にゆすって幾ばくかを懐に入れる輩が現れたり、探訪のネタを記者が無視することで世間に探訪の力のなさを露呈し、太鼓持ちや下僕のように成り下がる者がいたからで、自らその地位を貶めていったというのだ。「横着な机の上に座ッて居る世間見ずの記者が、横着な世間を渡ッて居る探訪者の種を詮議せずに書くから、自然と誤りを伝へがちになッて、段々新聞が面白く無くなッて来ると、善く書いても悪く書いても「ア、又新聞だもの」と今日では痛痒を感じない程になッたのです」と落ちるところまで落ちた当時の新聞界を嘆いている。本書で取り上げた明治二九年九月七日付読売新聞の記事「本所四人娘」も、探訪が聞き出したネタだろうか。それを記者が机上で物語のような語り口に直したと想像すると一層味わい深い。「探訪」制度は大正半ばごろで消え、社会部の記者の仕事になったという。

ゆすりの問題は根深く、記者や売り子にもあった。売り子の場合は事件の載った新聞記事を関係者の自宅前で読み上げて買い取らせるという手法で、明治一二（一八七九）年に禁止されたというが、記者のゆすりは根絶せず、新聞社を渡り歩きながら行う者もいたらしい。この問題を執拗に糾弾したのは宮武外骨だったが、滑稽新聞の早くも二号目（明治三四年二月二五日付）で「大阪新聞画報　ユスリ　第一弾　堕落新聞社員」というコーナーを設け「現今日本全国何処の新聞社員にても殆どユスリをせざるもの無きに至り其手段も亦大いに進歩し、夫のユスリを以て成上りたる東京万朝報社長黒岩周六（涙香）の如き横着者をして尚舌を巻かしむる程の手段を廻らす者も亦少からずという」「大阪市内にてユスリをなす者大凡二百人に下らざるべしと云う、夫の厳格なる紀律ある朝日毎日両社員中にも往々ユスリを行いて放逐せられたる者少からず又其巧なる者は現在社員中にも尚存せり以てユスリ者の多きこと知るべし」と書き、ユスリ社員のランクについて詳細に解説している。新聞記者は次第に「新聞屋」「種とり」「羽織ゴロ」といった蔑称を生み出すほど、堕落の象徴となっていった。記者の悪事は、ゆすりから賄賂、賄賂からちょうちん記事へとより発覚しにくい方へ食指を伸ばしていく。政府や役所から特別な部屋をあてがわれ、全員一律に発表された情報を配信する「記者クラブ」制度は、ちょうちん記事の蔓延をさらに助長したといわれている。このシステムは、明治四三（一九一〇）年以来、第二次大戦中の新聞統制をまたぎながら、現在まで連綿と続いている。

男社会といわれる新聞業界だが、女性記者の存在も忘れてはならない。初登場は諸説あるが、江刺昭子『女のくせに　草分けの女性新聞記者たち』（インパクト出版会、一九九七年）によれば、国民新聞創刊時（明治二三年）に夫婦で参加した竹越竹代が嚆矢とのことだ。いずれにしても女性記者の先駆者は明治三〇年代に多く、校正係から記者になった松岡もと子や、速記者から転身した大沢豊子、不世出の天才といわれた管野すが（署名は幽月女史、幽月の）など、勤勉な人物が多い。とはいえ、一、二年で辞めてしまう者も多く、なかにはチヤホヤされたくて売名的に記者になった者もいた。有名なところでは、女中や弟子に身をやつして有名人宅に潜入してルポを書く「化け込み」記事で一世風靡し、後に料理屋を開いたり女優になったりし、記者時代に華族のパトロンがいたことを暴露した下山京子や、同じく化け込み記事を連載、社の重役と交際してクビになり、業界の暴露本をものした中平文子（後の武林文子、宮田文子）、記者になった後、小説を書いたりミルクホールを開店したり活動弁士になったり、果ては吉原に自らを売り込んだりと破天荒な人生を歩んだ本荘幽蘭など、一筋縄ではいかない連中もいたようだ。不良は、少年少女に限らず記者にもいた、と言えるようだ。

第三章

昭和　断髪の少女ギャング団

昭和初期と不良の傾向

大正一五（一九二六）年一二月二五日に大正天皇が崩御し、実質一週間の昭和元年が終わって昭和二年になる。が、三月には震災手形の処理問題などで金融恐慌が起こり、銀行や貿易会社が次々と破綻、モラトリアムとよばれる支払い停止令でパニックは収まったものの、そのまま昭和四（一九二九）年の世界恐慌に突入してたちまち未曾有の不況に陥った。人々は社会変革の意識に目覚めて各地でストライキを起こし、政府は必死に弾圧を繰り返す。大きなものとしては、昭和三（一九二八）年三月に日本共産党や労働農民党の関係者約一六〇〇人を一斉検挙した三・一五事件、翌四年四月の日本共産党員数百人が検挙された四・一六事件などがあり、こうした思想を封じ込める動きが次第に日本を戦争へ導いていくことになる。本稿では、暗い時代に突入する手前の昭和一一（一九三六）年までを扱う。

前掲『防犯科学全集　第7巻　少年少女犯篇　女性犯篇』によると「昭和時代の不良少年の傾向は、映画崇拝時代であると共に、思想かぶれの時代と見ることが出来る」とある。映画やカフェー、文学などの文化的影響は大正時代から存在したが、さらに発展したのが昭和期で、大正が放埒で気楽な雰囲気にあふれているのに対し、昭和に入ると治安の悪さや社会不安からより過激な傾向、当時の流行語でいう「モダン化」「エロ・グロ・ナンセンス」化に傾いていく。同書には「かつて明治、大正時代には、薄暗き所に於て不良行為が行われたのであったが、今は公々然として路上衆人環視の中に於て行われる有様である」とも書かれている。

昭和二（一九二七）年七月一八日付読売新聞の「新宿の不良醸製所　武蔵野館に監視の眼　きのうは洋装美人が見物中を引致　良家の子女は御注意」という記事には淀橋署の池田司法主任の言葉として「震災後四谷、新宿が山の手唯一の盛り場となってから、不良少年や不良少女も新宿方面に流れ込むものが非常に多くなった、従来大塚署や巣鴨署の管内が不良少年の巣と云われていたが、同方面のものは主にたかりとぱくりという硬派が多いが、新宿方面はぽんびきという軟派が多いので検挙がなかなか困難である。それに管内には新宿駅待合室、武蔵野館という絶好の密会場所があるので、彼等は此処を根城にして盛に良家の夫人令嬢を誘惑している」「殊に武蔵野館は男子席、婦人席及び同伴席に区別されているが学校へ行くと見せかけて入場する中学生や女学生等で不良少年が自然婦人席や同伴席に割込んで毒牙を磨くわけである」とある。武蔵野館は大正九（一九二〇）年に新宿商店街の店主が株主となって現在のビックロのある辺りにオープンした映画館だが、三階建ての高層建築で定員六〇〇名、男子席、女子席、同伴席があるという豪華な施設だった。二、三階席は備えつけの草履に履き替えたという。震災以前は、映画といえば浅草、買い物は銀座と決まっていたが、武蔵野館の開館以降、新宿には映画館やデパートが続々開店し、中央線、京王線、小田急線、西武荻窪線のターミナル駅になったこともあって繁華街として急速に発展していった。映画館は、暗闇にまぎれられることや座席が細かく区切られて見通しが悪いことなどから不良少年少女にとって絶好の活動場所だったのだろう、昭和に入っても事件に事欠かない。それにしても、タカリやパクリが硬派と位置づけられているのも興味深い。この時代、いわゆる「エロ」ではない不良は硬派になるらしい。明治は遠くになりにけり、である。ちなみに、武蔵野館の男女別席は昭和六（一九三一）年に廃止されたという。思想問題に関して前掲の『防犯科学全集　第7巻　少年少女犯篇　女性犯篇』では「少年殊に不良になるような少年は、知慮浅薄で、世の中の知識に乏しい上に、兎角に奇を好み、突飛な事を喜ぶの性癖を有っているものであるから、左傾たると右傾たるとを問わず、少しく煽動され、誘惑されると、忽ち之に付和雷同する。且つ独身であるから妻子を思う情もなく、また無分別であるから前後の考えもなく、どんな恐ろしいことでもどんな大胆なことでも、平気でやってのける危険性があるのである」と書いている。それら昭和期の傾向をふまえ、個々の事件を見てみよう。

女優志願がギャングの首領に

女優志願の少女も、昭和期ではここまで過激になる。

◎少年少女の不良時代　二百名をゆすった不良少女挙げられる　恋は教員に踏にじられるし女優志願は水谷に断られて恨みから不良に（昭和二年二月一四日　読売新聞）

昨年の暮頃から、牛込区活動写真館羽衣館に不良少年少女が出没して良家の少女を誘惑し或は脅かしていたので神楽坂署で厳探中のところ十二日夜一名の美人が数名の不良少年少女風の男女と前記羽衣館の小陰でコソコソと何事かしているところを早稲田署の刑事が取押さえ同署へ連行取調べると、この女は牛込区山吹町三〇二カフェーほまれの女給川本百合子（二〇）といい血ユリ団と称する不良団を組織してその団長となり同区鶴巻町四二七今井久雄同町一二五谷田四道（二

○同区改代町三八茅本松子（一九）外三十名の不良少年少女を部下として、昨年十二月頃前記羽衣館の中で山吹町一二六大津成雄（二二）から約八円を、東榎町一三某校女学生橋本マサ子（一八）から三円五十銭を窃取したのを初めとして羽衣館に出入する約百九十名のものに被害を与えていることが判明し目下早稲田署で中尾主任の手により厳重取調べ中であるがユリ子は短刀六本を所持し尚家宅捜索の結果梱の中に刃渡り一尺五寸の日本刀及び短刀八本を蔵していた豪のものである、この女の身元は千葉県長生郡茂原町豪農川本延次郎の長女に生れ、千葉県立茂原高等女学校を昨年春卒業し嫁入仕度のため裁縫生花等を勉強中、ふとしたことから茂原町小学校の青年教員と恋におち、しばし青春の血を湧かしたのも束の間、やがて捨てられてここに彼女は一変し、あらゆる世の男に対する復讐の念が心頭に宿っていた折から、たま〳〵昨年九月頃茂原町の劇場に松竹キネマの活動写真が開催され、それを見物中画面に現れた水谷八重子のあでやかな芸姿にすっかり感動し矢もたてもたまらず捨てた小学教員に対する復讐は天晴れ名女優となるに如かずと思い込み、昨年十一月中旬上京して牛込区余丁町に水谷八重子を訪ね、自分の願いをうちあけたところ八重子は、華やかな芸術家の生活の反面には実に言語に絶する反面があることを説いて懇々とさとしきっぱりはねつけユ

ネオンがまぶしい新宿のカフェー街（昭和八〔一九三三〕年九月撮影。毎日新聞社）

リ子が再三懇望するも終にその甲斐なく、ここにユリ子の心は再び恨みを呑んで激変し、その場で八重子に、今後不良少年少女のいっぱしの団長になると言い捨てて去り、前記のカフェーほまれに雇われてしきりに辣腕を揮って(ふる)いたものである、このことから昨年十一月下旬水谷八重子が強盗に襲われたことがあるがこれは或は同女が部下に命じてやらしたことではないかと厳重取調中であるが、同女は己の決意を全うしたので大に満足しているとうそぶいている

血ユリ団とは血桜団をもじったものだろうか、なかなか独創的なネーミングである。ユリ子も女優を目指して挫折（というほどの努力もしていないが）し、不良化した少女のようだ。水谷八重子に啖呵をきって三カ月後には三〇人を率いる不良団の団長をつとめるとは素晴らしい実行力である。「己の決意を全うしたので大に満足している」というのも納得する。水谷八重子は大正一〇（一九二一）年畑中蓼坡監督『寒椿』で映画デビューし、新派劇や松竹映画で活躍、戦後は「劇団新派」の結成に参加し、看板女優として活躍した。不良少女が目指す女優としてはあまりに本格派すぎるような気がする。芸妓出身で賭け麻雀で検挙されたり元同棲相手からヌード写真をネタに脅迫されたりとスキャンダルの多かったモダンガールの筑波雪子辺りなら、あるいは話

を聞いてくれたかもしれない。

◎今日捕物帳　十七　一人捕えれば不良少女は芋蔓　ジャンダークの二世を挙げた警視庁の篠原刑事（昭和二年四月一五日　読売新聞）

警視庁捜査課不良少年係篠原刑事は十四日午前十時頃某所から小林チヨ子（仮名）と云う廿一、二才位髪を七三に分け錦紗御召の派手な着物に身をくるんだ美人を連れて来て調べた後同夜一先ず留置した篠原刑事は「タマには大きなものをやらなくちゃネ」と得意がり主任の後藤警部も「余程の大ものだが後から続々引張る都合があるから今何も話されない、長期の拘留ではないがいくら不良でも女はすぐ自白するから検挙は訳がない」と意気込んで話したが近頃稀な不良少女団の一味で、この美人の検挙から都の春を荒す不良少年少女が芋蔓式にぞろぞろと挙げられるらしい。此の美人は昨年秋頃から銀座、神楽坂方面を中心に不良青年等と連絡をとって良家の子女を誘惑しては仲間に引張り込んだり脅迫して居たものので先年丸ビルを根城に魔の手を振って検挙されたジャンダークのお君こと林君子以上の代物だと刑事は喜んで居る。

ハート団事件から三年経っても、大物の不良少女は「ジャンダークの二世」と呼ばれているのが興味深い。この時代になると、刑事が記者に「タマには大きなものをやらなくちゃネ」などと「得意が」って話すほど、不良検挙が日常化しているのがわかる。小林チヨ子は神楽坂方面を荒していたそうだが、血ユリ団の川本ユリ子も同じで、浅草や深川などの下町がメインだった大正時代とは活動場所が移動してきているのがわかる。これは震災の影響で浅草の娯楽が廃れたこと、不良少年少女に対する検挙が厳しくなったことなどが原因で、大正末期から昭和にかけて銀座も活動範囲のひとつになった。

◎血判の蛇の目団員一網打尽　不良少年少女廿四名の一団　銀座と新宿線で（昭和二年二月二四日　読売新聞）

二十三日午後三時頃銀座明治屋喫茶店にて数名の少年少女が何れも首に白い布を巻いてコーヒーを飲んでいるので、築地署の刑事が連行の上取調べてみると之等は府下中野区仲町六〇六四吉蔵長男鉄州事中俣鉄蔵（一六）同中野町雑色二六八政吉長男南州事泉三吉（一八）他滝沢高（一七）小田一（一五）会田嘉（一四）斉藤一（一五）柴田はまよ（一五）（何れも仮名）で、同人等は新宿駅及び新宿二

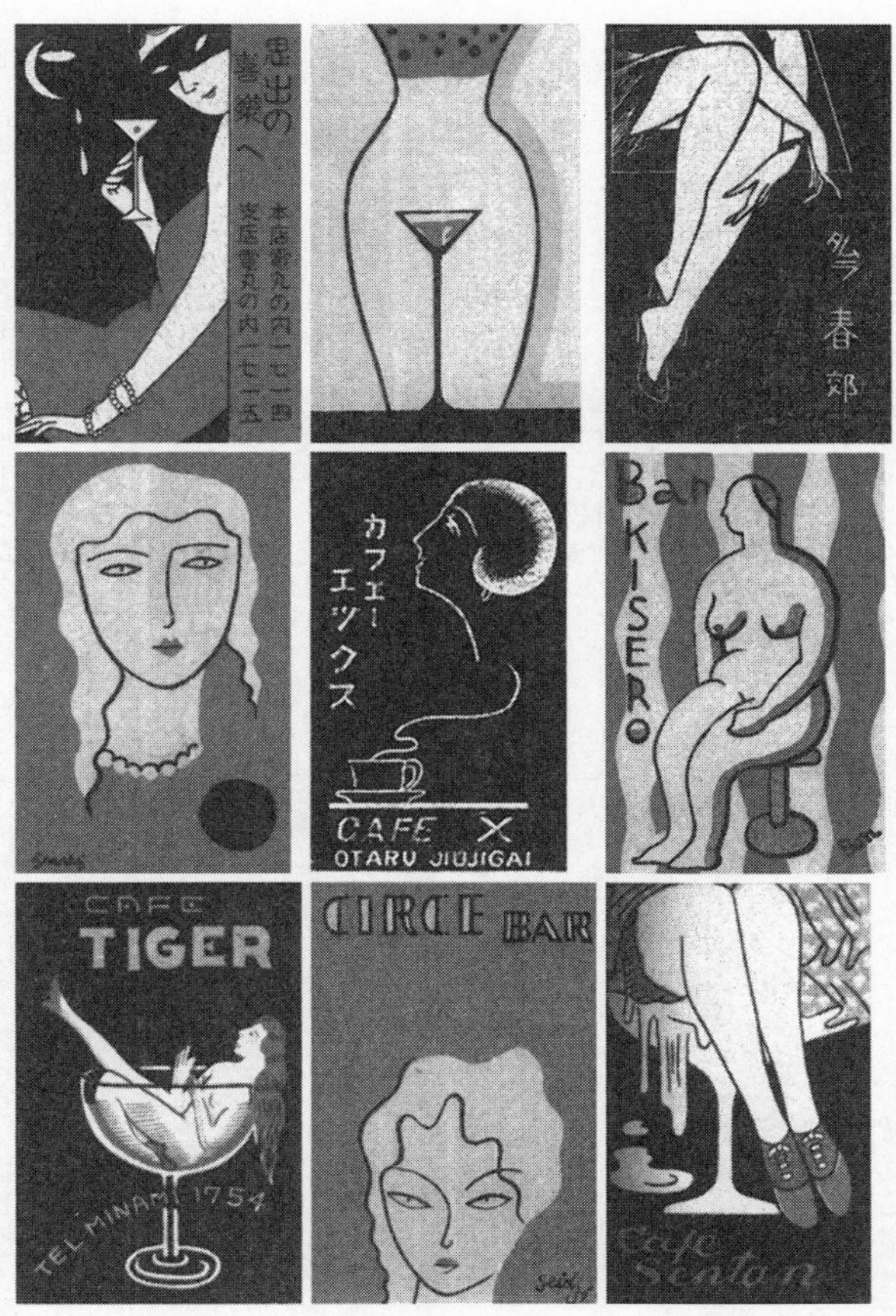

それぞれのカフェーが独自に作っていたマッチ。今見ても遜色のないデザインだが、「エロ」を想起させるものも多い

> 丁目大宗寺花園稲荷神社を根城とした一行二十四名よりなる蛇の目団という某小学生徒の不良少年団であるが、活動写真より悪感化を受け中俣を団長に泉を副団長として女性と交り、団員は連判状に血判して貰い今年一月二日頃より府下淀橋町柏木二二四洋品店藤原正見方を手始めに新宿三越分店其他二十数軒より襟巻、足袋類を始めハーモニカの類に到るまで万引カッ払いを働いては団長中俣の許に届けその歓心を買っていたもので、被害は多額に上る見込みにて、同日午後六時を期して新宿駅の待合室で一同集まる予定になっていた事を中立てたので一網打尽に検挙して余罪取調べ中であるが、右贓品は団員が苦学生を粧おい押売りをしてあるき活動見物の費に当てていたものであると

首に白い布を巻いてコーヒーを飲んでいるだけで連行と取調べというのも無茶な気がするが、治安維持にピリピリしていた当時の警察はそんなものだったのだろう。

銀座明治屋喫茶店とは、大正八（一九一九）年銀座に明治屋が開いた洋風喫茶「カフェ・ユーロップ」だろうか。公式ウェブサイトによると製菓部主任にドイツ人カール・ユーハイムを迎えハイカラの味を手軽に味わえると人気を博したという。このカール・ユーハイムは洋菓子店「ユーハイム」の創始者で、一号店を横浜に開いたのは

大正一一（一九二二）年、「カフェ・ユーロップ」主任を務めた後のことのようだ。

同じく、銀座を徘徊していた少女の記事を見てみよう。

◎東京中の男これで安心　皆引掛けてやろうと父をまいた親泣かせのあばずれ娘捕わる（昭和三年一〇月八日　読売新聞）

六日午後九時頃銀座一丁目から尾張町方面へ向って雑■の人道を銀ブラ連に突き当ったり怪しげな秋波を投げながら行く一人の若い女を北紺屋署の密行員が引致取調べると、右は埼玉県秩父町新井まさ（二一）という者で十年前実母とき（四二）は同人を連れて現在の義父新井与惣吉（五二）の許に嫁いだが、まさは十三四歳の時から不良少女となり十七歳の時栃木刑務所に収容され、昨年出獄したが彼女は救い難きあばずれとなり、両親に迷惑の掛け詰めで、去る四日も近所の少女から五十銭玉を詐取した事から捻じ込まれ、養（ママ）父は手に余って東京の親戚にまさを預かって貰わんものと、五日夕刻上京したところまさは上野駅で父を撒き東京の男を片っ端から引掛けてやろうと市内を徘徊していた事判明した、同署では救世軍本部へ引渡す事となった一昔前なら、こういう少女は浅草公園へ流れたものだが、彼女は銀座一丁目から尾張町方面へ向かっている。当時の尾張町について、池田弥三郎は『銀座十二章』（旺文社、一九八〇年）のなかで「尾張町というと、銀座の中の銀座、銀座の中心の銀座という感じが強く刺激されたのである」「市電時代の東京の電車の車掌さんも、ここの停留所を〈ぎんざよんちょうめ・おわりちょう〉――も少し古くは、正しくぎんざしちょうめ、おわりちょう――と、必ず尾張町をつけ加えていった」と回想している。

「銀ブラ連」の「銀ブラ」は当時の流行語で、銀座にあったカフェー・パウリスタでコーヒーを飲むことを、菊池寛や芥川龍之介らが言い出した言葉が転じて、銀座をブラブラする意味になったというが、ほかにも「銀ながし（カフェーにも入らずただ銀座をウロウロするの意）」「銀友（銀座でできた悪友の意）」（前掲『雑学 東京行進曲』）など銀座にまつわる流行語は多々あった。

モダンガール＝モガ

記事の年、昭和三（一九二八）年の流行歌『当世銀座節』（西条八十・作詞　中山晋平・作曲　佐々紅華・編曲　佐藤千夜子・唄）にこんな歌詞がある。「銀座銀座と通う奴は馬鹿よ／帯の幅ほどある道を／セイラー・ズボンに引眉毛／イートン・断髪（クロップ）うれしいね／スネーク・ウッドを振りながら　チョイト貸しましょ左の手」。同じく昭和三（一九二八）年発売の『モガモボ・ソング』（益田太郎冠者・作詞作曲　朝居丸子・唄）は「わたしゃ銀ブラのモボモボモボモボ／髪は長うてウェーヴつけて／ロイド眼鏡にシガレットくわえ／ソフトまぶかにセーラ・ズボン」。これらがモダンガール、モダンボーイといわれた人々の典型的服装である。男性はソフト帽をかぶり、アメリカの喜劇役者ハロルド・ロイドのトレードマークであった丸眼鏡をかけ、海兵隊の軍服のような幅広のセーラー・ズボンにステッキ（「スネーク・ウッド」がそれで、ブラジル産の蛇紋材という木でつくられた高級な細身のステッキのこと〔前掲『雑学　東京行進曲』〕）というスタイル。女性は自前の眉を抜いてペンシルで細く描いた引眉毛（ハート団の林きみ子もこれであった）に断髪（「やや長めに後頭部を刈り上げたシングル・カット。四方の毛先を一直線にそろえたオカッパ頭のダンビ・カット。そのほかボーイッシュ・ボップ。ティミィ・ボップなどがあるが、三方を刈り上げず短くカットしたのが『当世銀座節』にうたわれた「イートン・クロップ」で、いちばん日本人向きの髪であった」〔同前〕）や耳隠し、膝上一〇センチのミニスカートという格好だった。

　では、モダンガール、モダンボーイの内面はどういうものか。垂水千恵編「モダンガール」(『コレクション・モダン都市文化　第16巻　モダンガール』(ゆまに書房、二〇〇六年)) によると、「モダンガール」という言葉が初めて使われたのは大正一二(一九二三) 年四月出版の『女性改造』で北沢長梧が記した「モダーン・ガールの表現――日本の妹に送る手紙」とのことである。それによるとモダンガールは「兎に角余りに長いあいだ、因習のみに依って支配されて来た女性が、囚われていた鎖を断ち切って、自由になった事は、何の方面から見ても、大きなエポック・メーキングである。そして自由と独立とをしっかり摑み先ず人間として歩み出そうとする所に、彼等の新生命がある」「モダーン・ガールは自由である。だからその眼は喜びに輝いている。彼等は何物にも拘束されていない。だから、のびのびとしている。彼等は何でもする事が出来る。だからその顔は何時でもほほ笑んでいる。彼等は遠慮と云う事を知らない。だからその動作は飽くまで生き生きとしている」女性のことらしい。新時代の女性の出現を高らかに謳っているが、それで思い出すのは明治四四(一九一一)年に与謝野晶子ら青踏社が提唱した「新しい女」だ。しかし、北沢は「新しい女」を「聡明な点に於て、其の時代より進歩している点に於て、或は奇抜な点に於て、何れも特別な階級に属する女性であった」「女権拡張論者だの、婦人参政権論者と云うような、其の時代の婦人を導いて行こうとする、優れた階級の婦人もあった」といい「けれど私のここに云うモダーン・ガールはそんな特別なものではない」「何処にでも見出す事の出来る、町をあるいても、家庭へ這入っても、見出す事の出来る、普通の女性である」と違いを強調している。とはいえ、「新しい女」が放埒な女を揶揄する際に使われたのと同様、モダンガールも次第に北沢が混同を恐れた「伝統を無視して男の様に振舞う女」「お転婆娘や浮気娘」と同義になっていく。昭和五（一九三〇）年初版の前掲『モダン用語辞典』で「モダンガール」をひいてみると「近代女性及び男性、新しい女及び男。大正末期から昭和へかけて流行した語で軽佻浮薄、享楽的な若い男女に対する軽蔑語。元来は真面目な意味で、内容的に考察すれば近代思想に目覚め、教養あるべき青年男女のことであらねばならない。殊にモダン・ガールに関しては「毛断蛙」「毛断嬢」「もう旦那がある」等々云われている」とある。さらに、モダンガールを略した「モガ」という言葉について「〝モボ〟とか〝モガ〟っていった場合は、憧れっていうよりも軽蔑的なニュアンスが強かったですね。〝モダンガール〟っていうときには、都会的で洗練されたスマートなイメージがありましたけどね」（南博「証言　東京の盛り場とモダニズム」南博編『近代庶民生活誌　第二巻　盛り場・裏町』三一書房、一九八四年）という証言もある。モダンガールは軽佻浮薄な女性にも使われ、略語「モガ」はその悪いイメージを引き受けていたようだ。モダンガール＝軽蔑語説を裏付けるように「現代婦人の犯罪は大抵性の享楽から　時代の環境が作る忌まわしい空気　男の上を行く女の魔手」と題し、警視庁不良少年係主任の飯島三安が語っている。曰く「多くの男は如何にして若い婦人を手に入れるかと考えているが、その技巧として近頃の不良青少年には前のような硬派というようなものはほとんど無く、みないわゆる軟派ばかりで、たとえ硬派というようなものでも一面には軟派のやり方をあわせ持って色々と婦人を誘惑する。ところが女の中にはまた更に一歩男の上に出て、たとえば男の誘惑に乗ったようにみせかけて、おごらせたり、物品をもらったりしながらどこまでも男について行く。そして最後の所でうまく逃げるものがある。最後の関係さえしなければ、それ以外はどんなことでもするというのが近頃のモダンガールの考えである」（昭和三年九月一七日付読売新聞）。本当に好きなわけでもない男性に恋人のように振る舞っておごらせたり物品をもらったりする女性は今ではそう珍しくもないが、当時の一般的な価値観からすれば道徳観念の欠如した「忌まわしい」ものだったのだろう。昭和四年には「呆れ果てたモガふたり」という記事も出た。

◎呆れ果てたモガふたり　性懲りもなく又放埒生活へ　係官が驚く頽廃ぶり（昭和四年五月二〇日　読売新聞）

警視庁不良少年係飯島刑部は数日前市外東中野一二三水野方二階六畳に雑居していた奥田千代子（一九）大野きん子（一八）吉川すず子（一七）菊池義太郎（一九）田中一郎（二〇）堤鉄治（二〇）の六名を警視庁に召喚引致すると共に一方、巣鴨町宮下一一七八某呉服店員永沼義雄（一九）同人実弟政吉（一七）麴町区有楽町第一相互ビル内大川よし子（一八）以上孰れも仮名を警視庁に召喚、厳重なる取調べを続けて居るが右のうち千代子は某女学校を三年の時放校されたもので昨年靖国神社の祭礼に参詣の帰途、女学校の級友であったきん子が数名の友人と神保町を散歩して居るのに出会い、学校時代から仲の悪かった二人は女だてらに街頭で大喧嘩を始めたがそれが動機となり却って仲がよくなり、互に自宅を訪問し合って居る中、性来不良の二人は家出の相談を遂げ水野方に衣類を郵送した上、昨年六月末家出を決行し二人は万世橋駅で落合った上、両親が許さなかった断髪になって前から憧れていたダンスホールに連れ立って出入し其処で知り合った中野、志田の二人に処女の誇りを奪われて以来自暴自棄に陥り、爾来相互ビルの大川よし子から旅費を借りて片瀬に趣き同町福鮨方に間借りし前記堤、菊池、田中数名の不良少年と共同生活を送り両親も呆れる程の放埒な生活を続けて居たが、夏も過ぎて秋風が吹く頃帰京した二人は、悪性の病毒に感染して起居も自由にならぬ重態に陥ったので千代子（一部判読不明）厳重な監視の下に療養を加えた結果、漸く本年に入って全治しかけると身にしみ込んだ放埒な生活を忘れ兼ね、再び抜け出して前記水野方の二階六畳に雑居して居たところを親戚の依頼によって警視庁に召喚取調べられているものと判った

相当な家庭の娘たち　呆れ返る生活　飯島警部の談
右に就いて飯島警部は語る
『呆れ返った連中で女だてらに喧嘩しては殺すのハンペンの様にするのと罵り合うばかりか淫蕩的な雑居生活は普通人の想像も及ばぬ程である。然も皆揃って相当な家庭の者で田中の如きは毎月親許から学費として百円ずつ送金を受けて居り、きん子は某高等女学校を卒業し、千代子は女優だがその亡父は漢学の先生として世に知られた人なのだから驚かざるを得ない』

「男の上を行く女の魔手」のなかでモダンガールを語っていた飯島警部のお手柄である。少女ふたりは「街頭で大喧嘩を始めたがそれが動機となり却って仲がよくなり」同居するという、いかにも喧嘩が日常茶飯事の不良らしいふるまいを見せているが、

意外にも裕福な家庭に育ち女学校も出ている。よく考えたら犯罪らしいことは行っておらず、単に「淫蕩的な雑居生活」をおくっていただけのようだが、それでも、これぞ「モガ」と読者は得心したに違いない。

モガと「不良外人」

大正一四（一九二五）年九月の例のリッチ事件以来、適宜不良外国人の取締りを行ってきた警視庁だったが、昭和に入ってモダンガールと不良外国人という組合わせの検挙が話題になった。といっても、女性が洋装だからモダンガールというだけで、事件のあらましは大して目新しくはない。しかし、右に挙げる昭和二（一九二七）年の事件の場合、被害女性の数も多く、記者はかなりはしゃいでいる。

◎不良外人掃蕩の幕開き　巨頭は英人支店長――続いて七八名を召喚　彼等の毒牙に掛った女は五十名にのぼる（昭和二年五月七日　読売新聞）

外人の不良行為に対する兎角の風評は久しい以前から其筋の耳にはいっていたが、外人関係だけに事が面倒なため常に引っ込み勝ちであった警視庁も今度という今度こそ根本的に不良外人の掃蕩に手をつけて小気味のよい位に辛辣な検挙と訊問を開始した。六日早朝外事課員は麻布本村町八二に住む某商会支店長英国人イー・シー・サンドラ（二九）の寝込を襲ってサンドラが昨夜から連れ込んでいた麴町区麴町一一ノ一〇（ママ）佐藤美子（二三）と共に警視庁に連行、愈々本舞台の取調べに着手した。充分な証拠を握った当局は今後芋蔓式に片端しから検挙して彼等魔手の底を洗い徹底的に掃蕩することになったから、前記サンドラの外リストに載っている七八名の外人とその毒牙に見舞われた女で既に参考人としての調べを受けている女優木村うた子（二三）深田たみ子（二〇）塚本けい子（二二）福田あい子（二〇）土田みき（二二）市川みつ（二四）など再度警視庁に召喚することになり、その醜状は白日の下に曝されることになった。其他彼等のために、弄ばれた女は五十名以上に上り、中には女性として忍ぶべからざる負傷さえ受けた者もある。虚栄と華美を追う弱い心を利用して巧妙に誘惑したものではあるが被害の女にも乗ぜられる間隙があって誘惑されるままにその深みに墜ちたものだろうか。不良外人の弄する悪辣な手段と釣られて行く女の径路は如何に。第一日に召喚された美子は午後六時、サンドラは午後八時、一先ず帰宅を許された

そと見はモダンでも中身はカラ　読むのが講談雑誌　肉体美が資本の美子

英人イー・シー・サンドラーの相手の女佐々木美子（二三）は自ら進んで不良外人の魔の手に誘惑されて堕落の淵に落ち込んだもので、当世流流（ママ）行のモダン・ガールの内面をさらけ出して尚お余りあるものがある。同女は警視庁の取調べに対して麹町一一ノ一〇に住居■ある様に申立てて居るが、実際は昨年の暮れ同番地の東洋美粧院小原花枝（仮名）方の二階六畳の間を或る男と一緒に夫婦だと云う触れ込みで間借りしたもので、その男が今年二月ホンコンに行くと称して出立するまで頗る神妙に振舞って居たが、それからと云うものは一度外出すると三日、五日、一週間と云う風に帰宅せぬこと多く、たまに手紙の来否を見にやって来る位のもので帰っても十分間と居たことがなく、出入には常に自動車を用いて居た、彼の女は断髪洋装の美人で外人には好かれそうな豊満な肉体を持って居た。こんな女だから近所の噂にも上り「何と云うえたいの知れぬ女だろう」と不思議がられて居た、同女の同居先である東洋美粧院主小原花枝さんは語る

「あの女は昨年の十二月に出入りの洗濯屋から頼まれて二階を貸しました、夫婦だと云うので信用しました、男の方は勿論偽名でしょうが南とか云って居ました、全く風の様な女で男が外国へ行くと云って出てから奔放な生活が始まったのです、

最後に来たのは今月の二日でしたか、来る度毎にわざ〱手紙を取りに来なくとも行先さえ知らせてゆけば廻送すると云いましても近く外人と結婚するから其時に知らせると云うのみで直ぐ出て行って了うのです、もとは目黒ホテルや市ヶ谷ビルヂングに居たことがあるらしく、一度外人が傭屋に頼み手紙を持って誘いに来たこともありました。郷里は信州だと云うが手紙の一本も来たことがありません。断髪洋装で素的な身装りをしたハイカラな女でしたが字を書いても尋常小学卒業位の筆蹟で、不断キングや講談クラブを読んで面白がって居る程でしたから思想も低級でモダーン・ガールも聞いて呆れる程でした」

「不良外人の弄する悪辣な手段と釣られて行く女の径路は如何に」などと書いているが、どうも「不良外人」よりモダンガールに対する揶揄の方が強いようだ。相変わらず不良外国人に対しては「事が面倒なため常に引っ込み勝ち」なのではないかと疑いたくなる。筆者などついついモガの味方をしたくなって、東洋美粧院の小原花枝はハイカラな屋号のくせに下町長屋のおかみさんレベルの噂を記者にペラペラしゃべるとはなんて奴だ……などと勝手に頭に来てしまうが、ほぼ一〇〇年後に怒っても仕方ない。ともあれ美子のおぼろげな写真を見るにそう「豊満な肉体」というわけでもなさ

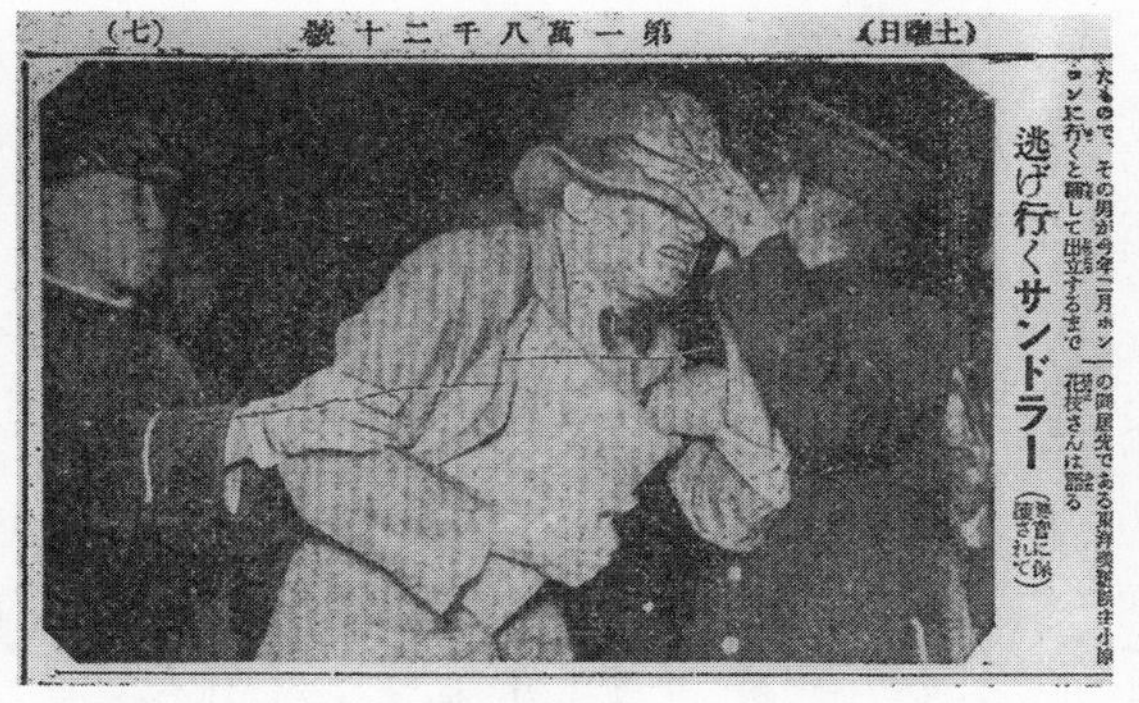

（七）　第一萬八千二十號　（土曜日）

逃げ行くサンドラー（警官に保護されて）

警視廳を出た佐々木美子

警官に取り押さえられるサンドラーと取調室から出てきた佐々木美子（読売新聞、昭和二〔一九二七〕年五月七日紙面より）

そうだ。ちなみに、美子が読んでいたという『キング』『講談倶楽部』はともに講談社（当時は大日本雄弁会講談社）発行の大衆誌である。創始者の野間清治は「面白くてためになる」をモットーに、明治四四（一九一一）年講談や落語、浪速節などを掲載した『講談倶楽部』を創刊。『キング』は大正一三（一九二四）年に創刊し、小説、雑学、説話などバラエティーに富んだ内容と豪華な付録で大成功をおさめた。ほかにも『少年倶楽部』『幼年倶楽部』などを次々に創刊してヒットさせ、野間は一大雑誌王国を築いたといわれる。この検挙の記事はかなり大きく、ほかにもサンドラーの家で留守番をしている「六十ばかりのすてという婆さん」が記者に答えて、彼は医者の息子で母とふたりで大正一三年に日本に来たこと、その母がイギリスに帰ってから女性の出入りが激しくなったこと、日本人の妻を持つイギリス人の友人を羨ましがるサンドラーにすてが「男の腕で何処からでも引っ張って来たらよいでしょう」と言ったのが悪かったのかもしれないなどと話し、ともかく「宿まらないで帰った人まで加えれば二十人位の女が出入りしていたと思います」と証言している。

記者たちは取調室から出てタクシーに乗った佐々木美子を新聞社の車で追い廻し、品川駅で降りて京浜線ホームに出たところをやっとのことで捕まえ、直撃インタビューに成功する。そのやりとりを見てみよう。

問『これから何処へ行くんです』
答『あんまり貴君方が騒ぐから横浜のサンドラーさんのお友達のところへ行きます』
問『サンドラーさんとはいつから知合になりましたか』
答『去年の暮お友達の紹介で知りました』
問『お友達って誰ですか』
答『サンドラーさんのお友達です』
問『何回位会いましたか』
答『ほ、ほ、ほ、昨日で二度目です』
問『欺かれてひどい目に遭ったんじゃないんですか』
答『そんなことありませんわ』
問『外国人は好きですか』
答『外人は親切です』
問『お金もあるし栄耀栄華ができるって訳ですか』
答『……』（微苦笑）

問『日本人は嫌いですか』

答『日本人が好きなのはあたりまえだわ』

問『サンドラーさんと結婚する意思はありますか』

答『向こうがその気なら結婚します。あの方はそんな悪い人じゃありません』『金を出して関係したから問題でない』と云っている男に対して、女は結婚を夢見ている

カーチェイスを演じてまでしてとったインタビューは、そのわりに嚙み合わないことしきり。美子は物怖じもせずに応対しているが、女優などではなく一介の素人が突然向かってきた新聞記者にここまで落ちついていられるというのは新時代の女性という気がする。対する記者の質問は、外国人に対する当時の日本人男性の卑屈な態度を如実に表していて、美子でなくとも微苦笑を禁じ得ない。美子にとって外国人は「親切」な人であって、日本人と比較したり、贅沢できるからつきあっているわけではないのだが、モダンガールにとって当たり前のことが記者や記者の背後にいる世間には伝わらないようだ。もうひとりの被害者であるカフェーキサラギの女給塚本けい子からは、記者を満足させそうなコメントがとれた。けい子は貧窮のために有夫の身であ

りながらサンドラーと一五日間同棲してわずか四〇円（半分は仲介の福田ゆきにとられたとのこと）を貰ったり、一回一五円で同宿したりしたらしく、「けい子を訪れると、記者と聞いて顔色を変え声もうるみ「まあわたし困る……その事ばかりは聞かずに下さい、もう決してあんな矛盾した事しないんですから」と悔恨の色明らかだったのは自業自得とは云え気の毒だった」。ここまでしおらしくすれば、世間も憐れんでくれるらしい。ともあれ、目下話題の害毒である不良外国人とモダンガールに正義の鉄槌が下るのは「小気味のよい」ものだったろうと想像する。

モテるフィリピン人

もちろん、少女たちの外国人に対する熱意がこれで薄れたわけではない。第一次世界大戦の影響で中断されたオリンピックの代わりにフィリピンの提唱で中国、日本の三国による総合競技大会「極東オリンピック（第二回から極東大会と改称）」が開催されるが、明治神宮競技場で行われた第九回大会の際、少女や女学生たちがフィリピン選手に群がってサインその他をねだるという現象が起き、警視庁不良少女係が出動する騒ぎになったことを昭和五（一九三〇）年五月二七日付読売新聞が伝えている。

「夕闇せまればエロな外苑　エトランゼ選手めがけて尖端ガールの突進」と題した記事によると、「初日に走高跳で国際記録へスレ〳〵に肉迫した二米(メートル)を〓付で突破し俄然人気を浚っちゃったトリビオ君」にサインをねだり「イヤー名前だけじゃ、アドレスもよ！」とせまる少女がいたり、早合点して不良少女係の「コワイ小父さん」に「どうぞサインを……」と鉛筆と紙を差し出す少女まで出る始末。選手も選手で「予選には落ち、決勝には負け、もう用が無くなった比軍選手の中には逸(いち)早く闘争目標を競技場から場外へと移して」少女と見るや「フォトグラフ！　フォトグラフ！……」と写真を撮りたがったり（「一九三〇年の日本ムスメも堂々たるもの、トーキー仕込みかなんかで「オーケー」」）合宿所で一風呂浴びた後にウクレレを持ち出して外苑に繰り出し、取り囲んだ少女のアンコールに演奏を続け、しまいには「幾組も幾組もが夕靄中へ夕立に洗われてすが〳〵しい若葉の外苑の夜へ流れ出して行く……」。やってることは不良外国人そのままである。

　フィリピン人といえば、ミミという愛称の目の大きな美人女優水久保澄子が結婚したのもエディ・タンフッコというフィリピンの若い医学生だった。結婚は昭和一一年八月で、離婚を申立てたのが一一月とわずか三カ月の結婚生活だったが、離婚の理由はエディの実家に住んだもののマニラの片田舎だったことや、家族に中国人扱いをされたからとのことで、甘やかされた女優の一件とはいえ、国際結婚の難しさが想像される。なぜこんなにフィリピン人がモテるのかといえば前掲の記事によると「アメリカやスペインの血が多分に流れ込んでいる比律賓（フィリピン）人のこと、その選手は色こそ鳶色でも、ヴレンチノ型、クーパー型、ファーレル型等、等、等、等、キネマ・ガールがホリー・ウッドへでも飛び込んだ様に喜ぶのも無理からぬ」。アジア人にしてはエキゾティックな容姿が受けたということのようだ。とすると、少女が不良外国人をチヤホヤするのも、映画の影響ともいえるのかもしれない。

さて、震災後の盛り場は新宿や銀座が中心とはいえ、浅草にもモガはいる。

◎浅草でモガ検挙　男と共に十一組の多数（昭和二年一〇月三日　読売新聞）

近頃浅草公園附近の旅館にモダンガールが客を連れ込んで風紀を紊すので菊屋橋署では昨夜土曜日を期して一斉に臨検した結果約十一組のモダーン組を検挙、目下拘留処分に附して居るが其中の一二を挙げてみれば

▼府下目黒町二三洋食屋目黒軒の女給後藤はつ（二三）は同町五三家■商三井武雄（二七）を一夜五円の約束で浅草区田島町若松屋旅館へ

▼府下立川町洋食屋立川軒女給細谷きく（一八）は同町看板屋平山四郎（二三）

を金十円とメリンス反物一反で田島町九五大丸屋旅館へ

どうやら女給が私娼のアルバイトをしているようだ。「浅草公園」とは、明治六（一八七三）年公園設立に関する太政官布告によって制定された、浅草寺本堂、浅草神社、ひょうたん池、映画館が並ぶ六区、仲見世などの地区のことで、明治から昭和にかけて「エンコ」と呼ばれ、不良少年少女や浮浪者の名所になった場所である（昭和二二年には再び浅草寺の所有となった）。明治二三（一八九〇）年浅草六区の北に建てられた赤煉瓦づくりの高塔、浅草十二階（「凌雲閣」）の裏手から千束町までは「魔窟」と呼ばれる私娼窟だったが、震災で十二階が倒れた後も私娼は後をたたなかったようだ。前掲記事の二カ月前の昭和二（一九二七）年八月一二日付読売新聞「また浅草の闇で貞操と生活を交換」という記事では、象潟署が売春婦台帳を作成したところ、一五歳から四七歳の「老女」まで一三〇名いたと出ている。そして「原因はいづれも食えぬための犯罪で社会的に救済せぬ以上検挙と拘留では彼女等を罪の淵より救うことは出来ぬ」とある。遊び半分というよりは、生活のためにせざるを得なかったのだ。カフェーは今でいうキャバクラのようなもので、同伴もできるし疑似恋愛も楽しめ、何がしかの金を払って関係を持つことすら半ば公然とできた。そして、不景気にも拘わらず「一杯七十銭から五六十銭で売っているウィスキーのキング・オブ・キングズとジョニウォーカーの黒の仕込値は一本七円五十銭である。一本から三十七杯乃至四十杯位のグラスがとれるから、一本につき十七円の利益」といった「法外な暴利」（前掲村嶋歸之『カフエー』）を貪ることのできるカフェーやバーは大幅に増加し、生き残りをかけた「エロ・サービス」も花盛りだった。前掲『カフエー』には近藤伊与吉が映画解説者の機関誌『声陣』に書いていた話として、大阪のカフェーの二階に行ったら、突然女給が膝の上に座って「妾（わたし）河原の枯れすすき」などと歌いだし、チップにしては多過ぎる五円を要求したので断ったら拗ねて階下に降りたきり戻って来ないような「淪落の淵に堕ち切った女」もいた、とある。初田亨は「カフエー」と題したコラムで昭和初期のカフェーでは「ギザつかみ」という「ギザギザのついた五十銭硬貨をテーブルの上に積み、女性が陰部でつかむという遊び」があったと記している（『別冊太陽乱歩の時代　昭和エロ・グロ・ナンセンス』〔平凡社、一九九四年〕）。また、大宅壮一は「エロ・グロ・ナンセンス時代」と題した文のなかで「オルガン・サービス」なるものがあったと書く。曰く「これは、ボックスのなかで、一人の女給が数人の客の膝の上に身を横たえる。客は各自彼女の肉体の好きな部分に手を触れると、バスからソプラノまでさまざまな音が彼女の口から出てくるという仕組である。またその場で肉体的な取引がおこなわれた例も少なくなかった」（『文藝春秋　臨時増刊・昭和メモ』（文藝春秋、一九五四年））。暴走するサービスを見兼ねた当局が取締りを強化し始めたのは、昭和四年頃からだったという（前掲『カフエー』）。

◎夫が罪に捕われ　世を呪う女楽士　良家の子女を多数引入れた血桜団一味挙げらる（昭和四年七月二一日　読売新聞）

廿日午後六時ごろ市外池袋署では、予て投書や訴えに依り管内の不良少年少女団の一斉検挙を行い、午後九時ごろ池袋六四〇先■渡辺えい子（一七）及び藤井はな（一七）両名を十六七歳の少年五名が取り巻いて電車賃を強要しているのを発見、尚お様子を見ていると傍の暗闇から一見令嬢風の女がそれ等の少年を指揮しているのを観取したので、直に其の女を捕えて取調べると、板橋町金井窪一六〇某活動写真館の女音楽師で早川はな（一九）と云い、少年は板橋町二〇五三若林一郎（一六）同町七五〇野口安太郎（一六）同町六一〇福山三郎（何れも仮名）等で、はなは外一一名の団員を擁する血桜団の女団長であり、■に内縁の夫隼の鉄が検挙されて以来極度に世を呪い、良家の子女を団員に曳き入れて元の血桜団復活を図っていたもので、輩下には家庭的に恵まれぬものは僅に二名のみ、他小学校長又は某高等官吏の息等良家の子女で廿日夜一斉に寝込みを襲うて検挙したが、大部分は将来戒めて家人に引渡し、前記団長の早川だけは引続き同署にて取調べ中であるが、同女は右の腕に蛙の白粉彫りをしている強かものであると

血桜団といえば、本稿でも大正一一（一九二二）年五月の記事「深川に巣喰う末恐ろしの少年少女　十三歳で強請る血桜団（ちざくらだん）のおやすに全身に桜花の入墨する十八の少年」を取り挙げたが、この団長は張谷やすという少女で、同じかどうかはわからない。なお、大正一五（一九二六）年一〇月二六日付読売新聞に「田舎娘を食う血桜団長」という記事もあったが、団長は坂谷守衛（二六）で、これまた同一かはっきりしない。

さて、当記事のはなは「活動写真館の女音楽師」というが、映画館にオーケストラが現れたのは大正九（一九二〇）年一一月のことで、歌舞伎座で行われた松竹キネマ第一回公演で四〇名の管弦楽団が幕間に演奏したのが始まりだという。以降、各映画館が専属オーケストラを持ち、映画に合わせて演奏したり、幕間に「カルメン前奏曲」などを演奏していた。それにしても、専門職であるオーケストラ団員が腕に「蛙の白粉彫り」を施す不良団の一員とは恐れ入る。

不良少女やモガが百花繚乱するなか、とうとう昭和四（一九二九）年「夏の盛り場

を中心に、モガ、モボの一斉狩り」という記事が出た。曰く「愈々(いよいよ)衣更えの時期となったので彼等が最も多く出没する市内の盛り場を始め湘南房総方面の海浜を中心に此期を外さず一斉に少しも仮借せず検挙する」とのことで「現在不良少年は警察庁のブラックリストに載って居るだけで約七千余名あるが実際は一万人以上に達する見込みで、不良少女は約四百名に上り、従来の取締は前途ある少年のこととて成るべく不検挙の方針だったが今度協議の結果、検挙をしないのは却って当局を甘く見るものとして断然容赦なく検挙、厳罰に処する事になったのであると」とある。ここでは不良少年少女とモボモガは明確に同義になっているのである。

美人を団長に据える不良団

さて、そんな不良団にもある特徴が現れはじめた。「団長にモガばやり　「腕」はすたった尖端時代の『不良』夏場稼ぎに海へ山へ　三千名!」と題した昭和五年七月二五日付読売新聞によると「今春から初夏にかけて跋扈していた不良青少年六千名のうち半数の三千名は、房総湘南両地方の海水浴場や日本アルプス方面に出掛けて、相変らずたかりやゆすりを稼ぎ土地の警察の手を煩わしているが、意外にも是等不良団の首領に女が多いことを発見し、注目すべき事柄として内偵している。従来不良団は硬軟両派とも腕っ節の強い所謂喧嘩上手な者を団長に推していたものだが、三〇年真夏の不良団は団員中の女給、ダンサー、女事務員などから美貌に富める者を選び出して首領に戴く傾向が見えてきた。団員統制のためか、外部的に効果があるためか、兎に角美人団長推戴の理由が明瞭になれば相当興味ある問題だと係員は原因の探究に努めているが、この尖端的不良団長には某華族の令嬢や横浜から毎晩出掛けてくる貿易商の娘など上流家庭の子女が少くないと」とのことだ。喧嘩に強いとか度胸があるというより美人や上流家庭の娘を団長に据えるのが最新の傾向ということらしい。不良の世界も飽和気味になって、新たな差異化が求められたのか。その一週間前には「ガラリ変った不良の子たち　世のジャズ化に酔いしれて　殊に多い小店員の堕落」という記事がある。「昨年頃からはガラリと変って、両親も立派に揃い、家庭の生活も不自由なく、親たちからチャンと学資を貰って学校へ通っている学生とか、或いは既に学校を終って何かの職についているものとか……そう云ったものに不良性のものがふえて来たのです」「更に小店員等に不良の多くなったことは、現在でも彼等小店員の多くは月一円か一円五十銭と云うひどいお手当で、そのうちから理髪代も鼻紙代も出すと云うみじめな生活を強いられているのにもかかわらず、一方社会はますますモダン化、ジャズ化して彼等の青春の血をもやさせる結果、知らず識らずそれに誘惑されて不良になる」。良家の子女が不良化するという説は大正時代にもあったが、この記事は中の上もしくは中流家庭を指していると考えられる。もちろん、従来通り上流にも下層にも不良はいた。つまり、もう財産の有無や階級が不良の原因とはいえない時代が来たということだろう。では何が原因になるのかというと、皆に等しく影響する社会背景、件の記事でいうところの「モダン化」「ジャズ化」である。「モダン」の意味を、前掲『モダン用語辞典』で引くと「「近代的」とか「現代的」又は「当世風」と訳する。最近流行の尖端を行く語」とある。「今っぽい」とか「最先端の」「最新の」といったニュアンスだろうか。他方の「ジャズ化」だが、これは必ずしも音楽の一ジャンルであるジャズの意味とは限らない。

日本に於けるジャズの歴史の嚆矢は大正元（一九一二）年アメリカへ向かう東洋汽船地洋丸に乗った東洋音楽学校（現東京音楽大学）卒業生の五人が組んだ船上バンドだとされている。以降、客船のほかに映画館、カフェー、ダンスホールなどさまざまな場で活躍。大正末期には、一大ジャズブームが起こっていた。昭和に入ると、海外企業の出資を受けたレコード会社が電気吹き込み装置を導入、録音技術も飛躍的に発展する。昭和初期のこの時代はまさにジャズの黄金期である。同じころ、アメリカでは「ジャズ・エイジ」という言葉が流行した。これは作家スコット・フィッツジェラルドが考え出したといわれる、第一次大戦後の一時期（一九一八〜二九年）を表す造語だが、当時大ブームだったジャズになぞらえ、鉄道や飛行機や電話や自動車の普及など工業技術の発展や、それに伴う文化の移り変わりが加速的になっていくさまを表現している。日本でいう「ジャズ化」も同じような主旨で「スピード化」とか「喧噪」に近いと思われる。とはいえ、当時日本でいうジャズとは外国産ポピュラー曲のことである。フォックス・トロットのリズムもあれば、タンゴもシャンソンもハワイアンもジャズ・ソングだった。「狂乱のリズム！」などといっても、現代人の耳にはわりにのんびりしたものと響く。

家出の増加と放任主義

大正期に「母親と子供との繋がりが薄れて来た」といわれた家族関係も、昭和期にはさらに溝が深くなる。「何が私を不良にしたか？⒂　仕たい放題させといた或るカフェーの娘　ハッと気づいた時はもう手遅れ」（昭和一〇年五月二〇日付読売新聞）には「年頃の娘の教育に無関心で、放任主義の両親が、学校の教師から注意されてハッと気づいた頃には、もう娘は救いの手の届かない程堕落の深みに陥ちていた。××実科女学校三年大田加代（一七）＝仮名がその実例である。彼女は昨年の秋の不良狩に挙げられ、現在では或る感化事業家の下で修業中である」とある。カフェー「セレナーデ」経営者の娘加代が、店の手伝いをするうち酒や煙草を覚え、「あたし店のためにずい分サービスしているんですもの」と言っては多すぎる程の小遣いを得て、学校をさぼって不良少年らに映画やレヴューをおごるようになり、両親が学校に呼び出される羽目になったというのが内容だ。加代は教師と両親の相談で親戚の家に預けられたものの、そこを抜け出し、「かねてから知り合いの不良「池袋のカポネ」の世話で」神田の喫茶店の女給をしながら学生たちから金品をだまし取り「セレナーデのお加代」「渡り鳥のお加代」と呼ばれていたとのこと。なんとも単純な不良化の経路ではあるが、雨後の筍のごとくカフェーが増加した時代、経営者に年ごろの娘がいれば起こりうる。

◎何度帰っても叩出す親達　無断家出が愛の切目　警察に泣き込んだ病むモガ

（昭和五年八月一一日　読売新聞）

十日午前零時半頃荏原署の受付に十七八歳位洋装断髪のモガが「何処も行く処

がないから泊めて下さい」と涙ながらに願い出た。群馬県邑楽郡館林町字浦宿山岸稲十朗長女とみ（一八）という者で両親と七名の兄弟があるが昨年春無断家出して千葉県下を転々、撞球場のゲーム取をしているうち、我が家恋しさに暫くして帰郷すると、両親兄弟は無断で家出したものは家の者ではないと、毎日出て行けと虐待された上、兄や両親が共謀して娼妓に売飛ばす相談をしているのを聞いて居堪れず再び家出して新聞広告により市外荏原町小山一三カフェー銀猫で女給として住込んだが肋膜に罹り医者に静養を命ぜられたので、已むなく帰宅すると、両親は医薬は勿論のこと食事もろくろく与えぬ上去る七日兄頼友（三〇）に出て行けと無理矢理に引摺り出されたので、泣く泣く上京して前記銀猫方を訪れたが目下新築中で家人の所在が分らず、他のカフェーに頼んでも病身では置いてくれぬので途方に暮れ、遂に警察へ泣き込んだものであるが如何に自業自得とは云え両親の仕打も酷に過ぎると同署では非常に同情して目下郷里に照会して引取方交渉中である

ちょっとした好奇心で家を出たら最後、口減らし要員になってしまうという恐ろしい見本である。とみが体現する洋装断髪、撞球場、カフェーなどのモダンな生活と、

娼妓への売り飛ばし、共謀、虐待といった実家の陰惨な現実の対比が印象的だ。父親の職業はわからないが、昭和五（一九三〇）年といえば「殺人的不景気時代」といわれた年である。一月の金輸入解禁は世界恐慌の煽りを受けてかえって景気を悪化させ、九月には米の豊作で価格が暴落し、各地で農民の争議や暴動が勃発した。不況と贅沢が紙一重の都市生活という意味では、現代日本に近いかもしれない。

家出はこのころことさら目につく現象だったらしく、同日の同紙のコラム「イエデナンセンス」には「今年上半期中市郡の家出人は男六八〇三人、女四八〇二人、計一一、六〇五人、昨年の同期より三割増とある。家出人は一度連れ帰っても二度、三度と家出する。恐るべきは家出中毒患者」とある。そして、父母が死別して莫大な財産を相続した少女が「親戚の人々や後見人等が無闇にチヤホヤするのはみんなうちの財産目あてのような気がして」家出をし、松屋で洋装を購入し、写真を撮って銀ブラしてからホテルに泊まったところを警察に怪しまれて取調べを受けたという「ナンセンス」な話も出ている。記事はこう締めくくられている。「「お金持になることは怖ろしいと思います」彼女は魔に魅せられたように走って行った、――不景気で食えない人々よ、なんと思召します?…………」。

ギャングの女

『改造』昭和七（一九三二）年一一月号の陸直次郎「ギャングの女」には、興味深い不良少女（バッド・ガール）が何人か出てくる。「管内の或る喫茶店へ二人連れで入って来た断髪男装のモガが、居合わせた土地の不良等からうるさく因縁をつけられ、「なに云ってやんだい！　ガルボのお政を知らないんだねッ！」と、いきなり、右のポケットからブローニングを出すと、相手の足許めがけて、バーン、――尤も当たったのは床だったが、兎も角それですっかり狽（あわ）てちゃったチンピラ共を尻目に、悠々、連れを促して立ち去ったと云う頗る映画的の事件があったのである。ガルボのお政、それは相当名うての不良少女（バッドガール）だった」。お政は日本橋の大問屋の妾の子で女学校時代に知り合った女生徒の従兄に乱暴され「一時、少し気が変になっ」て誰彼構わず関係したが、「新宿の幸」に夢中になる。この幸には「蒲田のワンサ、横浜（はま）のダンサー、銀座の女給と、其処ら中に情婦があった」らしい。お政は一時「婦人ホーム」に入れられて殊勝にしていたが、幸と再会して逆戻り。「モガだてらに凄じい「御意見無用」の入墨も、幸と此の二度目の邂逅からに（ママ）生れたのである」。警察でブローニングの行方を聞かれ「「……だから、あれ、まったく溜池のフロリダで何処かの与太モンに売り飛ばしちゃった、って云ってるんじゃないか。無いものを然う責めんのは、全くどうかしてんのねエ」」と言い、いつまでも不良ではいられないぞと言われると「お政はH検事の前で、ヒョイと何か薬品でも口へ持ってくような手つきをした。「汚なくなったら、あたしたち、直ぐやっつけちゃうことにしてるんです、……」。恐るべき退廃である。それからこんな少女もいるという。「然う云えば、先頃のこと山の手で、男女団員の上に傲然と君臨していた女不良団長が検挙(あげ)られたが、此の種の中には「昨今当節柄、ざっくばらんにお願いします。あたくし事、昨夜の雨に来て朝に返る（?）(ママ)ジャズのお小夜と申す駆け出し者、今日こうお見知り下さいまして、――」なんかと、滔々、野郎はだしの仁義を切って挨拶するのが居るそうだから、全く以てスゲエものである」。そのほか、金品を捲き上げた後、膝につけた蠟細工の人面疽を見せて驚かせるお春、「ビリー・ダブそっくりとかの美貌でブルの馬鹿息子共をさんざ釣った挙句、土壇場で猛烈なアッパー・カットを喰わせるのを唯一の誇りとしていた、モダン妖婦(ヴァンプ)気取り、ハッタリお清」（彼女はある実業家の妾になって月五〇〇円の手当にありついているという）、「神田あたりの不良少女で鳴らした末、自ら本牧(もく)の第一キヨ・ホテルを志願したカルメンお静」（彼女の初見世？　にチャレンジした映画俳優K・Oにお静は「おい、スターがどうしたんだよ！　与太モン時代を忘れやがんない！」と言ってベッド脇にあった桃色の消毒液を頭からかけ、その晩から消息を絶ったそうな）などがいるという。少し解説すると、ガルボのお政の恋人、新宿の幸のお相手「蒲田のワンサ」とは松竹蒲田の大部屋女優という意味である。『モダン用語辞典』には「一説にワンス・ア・ガール（Once a girl）から転化したものだと云う」とある。ガルボのお政がピストルを売ったという「溜池のフロリダ」は赤坂溜池のダンスホール「フロリダ」のことで、タンゴ・バンドをもっとも早く導入したことでも評判だった（他のホールのタンゴはレコードだった）。モボモガの間ではフロリダに行くことを「フロに入る」といったり、フロリダを奢ることを「セキハン（赤坂）を奢る」と言ったりしたというほど一時代を築いた。ハッタリお春がそっくりだというビリー・ダブは出演映画の題名から「アメリカン・ビューティー」と呼ばれた一九二〇年代の美人女優。両親ともスイス人の移民で、モデルやジーグフェルド・フォリーズを経て映画界に入るが、まだまだ人気のある三二年に事実上引退したという。そのお春がアッパー・カットをくわせた馬鹿息子の「ブル」とはブルジョアジー（資本家階級）の意味。対立概念はプロ（プロレタリアート）で、当時はアナ（アナキスト、アナキズム）、ボル（ボルシェヴィスト、ボルシェヴィズム）、アカ（アナキズムやコミュニズムの思想に染まること）、果てはゴロ（ごろつき）、エス（英語のSisterから同性愛の女友達）、エル（英語のLoverから恋人もしくは恋文）、シャン（ドイツ語のSchönの訛りで美人）、スペ（スペシャル）、アタ（当たり前）、モチ（勿論）、ゲル（ドイツ語のGeldから金銭）、ヒス（ヒステリー）など、語義の硬軟を問わず略語が流行した。デマやデモ、ドジ、サボる、ヤバいなどは今でも使われている。カルメンお静が自ら志願したという「本牧のキヨ・ホテル」は有名なチャブ屋である。チャブ屋とは、食事を表す「ちゃぶ」（「卓袱台（ちゃぶ）」の語源ともいわれる）と外国人に馴染みのある軽食屋を表すチョップ・ハウスを組合わせた造語で、本牧のリキシャマン（人力車夫）の発明だという。彼らは横浜に上陸した外国人を言葉巧みに誘ってチャブ屋に運ぶのが仕事で、後に自ら開店する者も多かった。営業内容は喫茶店兼バー兼キャバレー兼ダンスホールで、オプションとして売春もあったらしい。なかでもキヨ・ホテルは明治末年開店以来、第一から第三までチェーン展開をなし、乗馬クラブも完備していた。昭和五（一九三〇）年の北林透馬『街の国際娘』によると「キヨ・ホテルのダンスホールは、海へ向かってフレンチ扉（ドア）をいっぱいに開いて、そのホールから長い桟橋が海へのび、桟橋の下には五六艘のボートがつながれています。ホテルの女が時にはお客らしい外国人と、そして又時には彼女達同志で、夕ぐれなど好く此付近を漕ぎまわっているのは、如何にもヨコハマ的な風景です」とのことで、優雅な高級ホテルだったことが窺われる（以上、重富昭夫『横浜〔チャブ屋〕物語』〔センチュリー、一九九五年〕より）。

「バッド・ガール」の流行

『中央公論』昭和六（一九三一）年六月一日号にヴィナ・デルマー原作、牧逸馬訳の小説『バッド‐ガール』の広告が出た。東京丸ビル五階中央公論社から六月中旬出来とあり、「こういうのを世間では不良少女というのだが果してこれが不良少女であろうか？」「この小説を日曜の朝から読みはじめてはいけない。せっかくの日曜日を台無しにする。」といった仰々しいコピーが躍っている。内容は、ニューヨークのラジオ職工とタイピストのラブストーリーで、子供ができたためにか結婚はしたものの経済不安などから二人の心にすれちがいが生まれるが、職工は密かに金の工面をつけ、出産日に大団円を迎えるという他愛のないものだ。この小説が三年後に映画化され、同名の流行歌が生まれるなどして、不良少女をバッド・ガールと呼ぶ風潮が生まれた。ほかに「与太ガール」と命名した記事も見つけたが、これが定着していたかどうかはわからない。「浅草の与太ガール　硬軟両刀でゆく昭和の不良戦線　暴力団ものがた

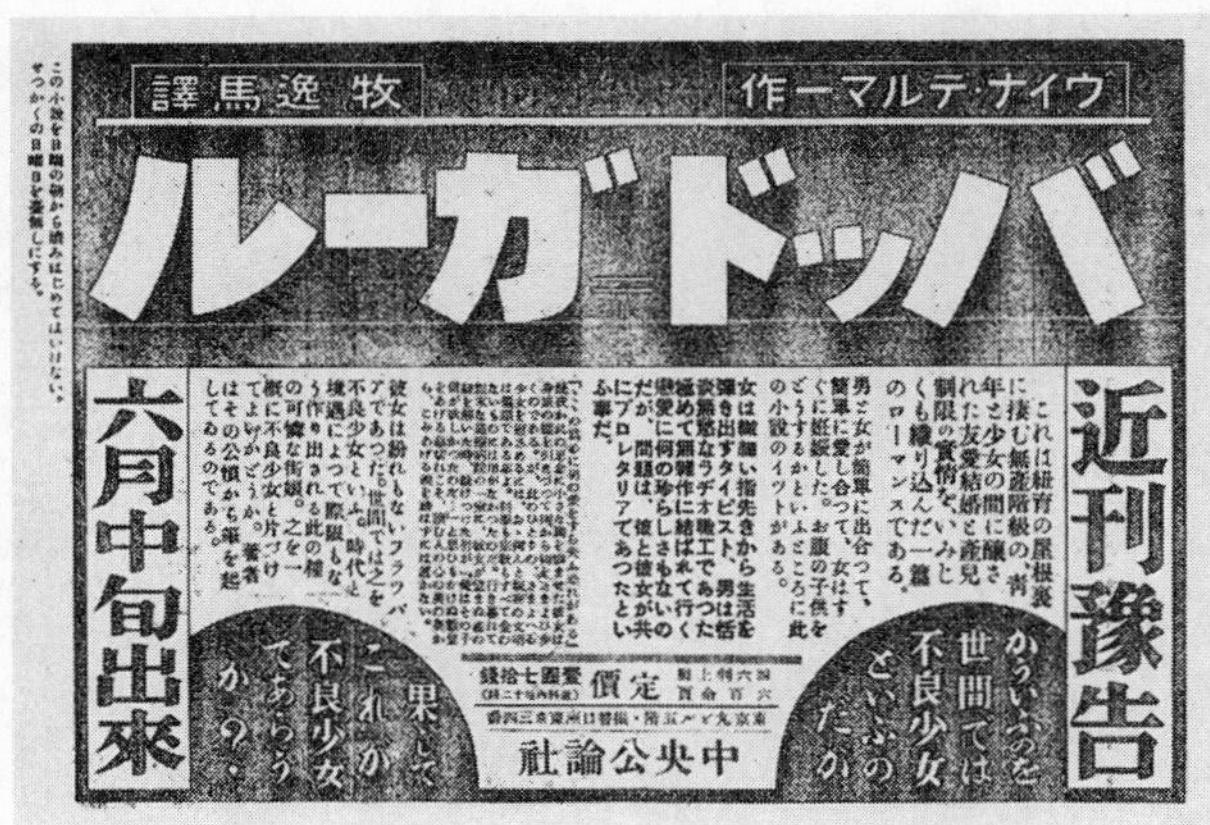

『改造』誌昭和六（一九三一）年六月一日号に掲載された書籍『バッド－ガール』の広告。翻訳の牧逸馬は長谷川海太郎の別名で、時代小説「丹下左膳」シリーズでは林不忘、米国体験記「めりけんじゃっぷ」ものでは谷譲次と名乗って活躍したが、昭和一〇（一九三五）年に急死した

り」（昭和六年八月二五日付読売新聞）という記事だ。曰く「与太者（不良少年）の跋扈も大検挙以来戦線異状ありで大勢力の新公園団は解散し、本所から押出していたインディアン団も姿を消し、唯一の浅草不良団である白蝶団も挙げられ、公園のカフェー、バー、飲食店はホッと胸をなでおろした。ホワイト・フライを団員の徽章に容貌魁偉の大漢渡邊政一（二二）を団長に押して、ガッチリとエンコ（公園）の不良をかき集めて浅草地廻りの現有勢力を張っ

たのが白蝶団だ」「彼の片腕には僅か十七歳の姐御と称する正真正銘の与太ガール島田てつ（一七）が参謀格で仮として男団員を指揮している、その他に中藤いま（一八）－外三名の女団員を擁して硬軟両刀で昭和時代の不良戦線に活躍している」。震災後、浅草の復興が遅れたことは既に述べたが、昭和二、三年ごろからしきりに「ルンペン」という言葉が使われ出す。今と同様、乞食や浮浪児を指すが、「ルンペン・インテリ（失業や思想的混乱から生活能力を失った知識階級文士）」「ルンペン・プロ（マルクス熱に浮かされて勉強もせずただ遊んでいる浮浪労働者）」（前掲『モダン用語辞典』）なる者もいたという。大不況に見まわれて一気に増加した失業者や浮浪者と、従来の不良少年少女に対して警察は取締りを強化し、浅草は徐々に衰退していく。

ギャング団の台頭

昭和七年ごろから、不良団をギャングと呼ぶ記事も散見されるようになる。

◎春の銀座のギャング狩　硬軟五十八名（昭和七年三月二〇日　読売新聞）

春の銀座を荒し廻るギャング取締りのため築地署では十九日午後一時から五時

まで同七時から十時までの二回に亘り署員六十名が出動して『街のギャング』狩りをやった、この結果下町の女不良団長白菊の春こと神山春代（二一）とその部下十八名及び浅草を根城とする華族の清太こと前木清太（二二）ほか計九名の硬軟不良を検挙したが春代はいつも大家の令嬢を装い喫茶店などに部下をつれ張り込み金子のありそうな紳士を巧みに誘惑してドタン場で凄いタンカを切り金子を捲上げる常習犯で一味は左腕に白菊の刺青をしていたが前木清太も華族とフレこんで良家の女学生専門に魔手をのばし誘惑交際をつづけてはやがてその娘の家に乗り込んで親から金子を捲上げるなど不良ぶりを示していたもので被害者は何れも泣寝入りして居た

◎江東のギャング一斉に退治　美貌が仇、悪の華咲かす高女出（昭和七年三月三〇日　読売新聞）

両国署では去る廿四日から一週間に亘って同署の小島、三浦両警部補が指揮の下に春の歓楽期を迎えて管内を横行する不良団退治を行い、本所区林町六の四五『白骨団』団長梅田敬一郎（三一）副団長西田登（二五）以下「上海の留子」こと村井留代（二六）「インディアンの松」こと児玉松次郎（二四）等卅二名の不良分

子を総検挙しそれぞれ廿日乃至廿九日の拘留処分に付して厳重取調中である、前記四名の一団は江東方面名うてのギャング団でこれ等は常に短刀、硫酸等の兇器を懐ろにカフェー、バー、活動館等に入り込んでは金のありそうな客を片ッ端しから脅迫、金銭強盗をしていたもの、このうち村井留代の如きは相当の家庭に生れ昭和二年某女学校を卒業したが、美貌が祟って遂に悪の華を咲かせ上海方面を亘り歩いて昨年十二月上京、「白骨団」に入って瞬く間に上海の留子と称され同団の姐御となったしたたかもの、左腕には「御意見無用」ともの凄い刺青が入れてある

◎女をおとりのギャング団　浅草で又も五十三名（昭和七年九月一七日　読売新聞）

最近市内外の各署で一斉にギャング狩を行ったため検挙の網からもれたギャング共は申合せたように浅草や吉原方面に流れ込んで来たので所轄日本堤署ではこれが一斉検挙のため十五日深更から今暁二時にかけ三瓶署長指揮の下に全員が出動「銀猫の政」こと山中太一郎（二八）以下男卅二名「金歯の花」こと小出まち（二〇）ほか女八名、小松四郎（三二）ほか十名を同署に検挙取調べ中であるが彼れ等は女ギャングを使って美人局をやり或は女おでん屋を脅迫しては売上げ金を

強奪していたことを自白した

銀座でも江東でも浅草でも、少年少女ギャング団の悪行は脅迫か金品強奪、美人局と相場が決まってきているようだ。男女でタッグを組んで行う犯罪としては簡便なのだろう。上海の留子はガルボのお政同様「御意見無用」の刺青を施しているが、白菊の春も左腕に白菊の刺青があり、当時流行したことが窺われる。ところで、昭和に入ると団名や綽名に洋風のものが増えていることにお気づきだろうか。ガルボのお政、カルメンお静、白蝶団などお洒落であか抜けた印象を受ける。大正一三（一九二四）年の「ジャンダークのおきみ」などそのはしりだったのかもしれない。大正期同様、映画やオペラの影響も見て取れるが、それとともに女学校出の少女などが増えたことで知的レベルが以前の不良少女より上がっていることも指摘できる。昭和七（一九三二）年九月二八日付読売新聞には男女合計一〇名からなる「浅草の不良モンパリ団」を検挙したという記事もある。「モンパリ」といえば昭和二（一九二七）年宝塚少女歌劇団により日本で最初に上演されたレビューの演目である。同名のシャンソンを、宝塚音楽学校・白井鐵造（しらいてつぞう）がパリから帰朝した際に振付けし上演したといわれている。浅草でパリを名乗るとは粋なのかシュールなのか微妙なところである。

赤色系ギャング団の登場

昭和七（一九三二）年にはこの時代らしいギャングが登場する。

◎女党員・エロ活躍　二百万円の金持ち技師を繞って　赤色ダンサー二人（昭和七年一〇月二〇日　読売新聞）

ギャング事件についてはその後警視庁特高部で連日峻烈な取調べを行っているが、今回逮捕された一味が党の活動資金の渇乏を救う為めあらゆるつてを求めてシンパ網を組織し資金の蒐集に努力していたことが次第に明かとなって、また彼ら一味が最も資金募集に力を注いだのは富豪の子女であって、各方面から彼ら子女の思想傾向を入念に調査、これを党内に引き入れる一方、女党員を盛に利用して街頭からエロ仕掛けで如何なる小額の金銭でものがさず資金として掻き集め党に送っていた、その一例を挙げると留置中の石井の愛人長壁はる（二一）と中国方面へ逃走していると見られている「おとうさん」山本某の愛人鈴木チエ子（二二）の両名は去る六月ごろ東横沿線新丸子の東横会館に長壁は長壁きよ子、鈴木は片山つる子と変名しダンサーとして入り込み富豪子女のダンスファンに取入り資金を集めに努力している中、鈴木チエ子と馴染みの多摩川沿岸某公園技師が約二百万円のブルジョアであることを知り、同じく留置中の伊藤、佐藤の両人が恐喝したが、これは失敗したことなどもあった、警視庁では右両女の行方につき極力捜査中であるがいずれも地下へ潜入し未だに逮捕に至らないでいる

「特高部」こと特別高等課が設置されたのは明治四四（一九一一）年、前年に起こった社会主義者の幸徳秋水らが天皇暗殺計画を企てた大逆事件をきっかけに、反政府的社会運動を抑圧する目的でつくられ、昭和三（一九二八）年には全国に設置された。記事の昭和七（一九三二）年は、前大蔵大臣井上準之助と三井財閥の団琢磨を暗殺した血盟団事件や、海軍将校らが犬養首相を射殺した五・一五事件などのテロが相次ぎ、特高も神経を尖らせていた時期だ。翌年、小林多喜二が拷問死したことを考えれば「峻烈な取調べ」がどんなものか想像できよう。一方、このころ共産党では革命に対する気運が再興しており、各地でデモや暴力テロなども起していた。昭和七（一九三二）年には「三二年テーゼ」を発表し、反天皇制、寄生的土地所有の廃止、七時間労働制の実現などを謳っていた。この記事を見ても、党費の捻出のためにあらゆる手段

に出ているさまがよくわかる。彼らが党内でどの程度の地位かはわからないが、不良少年少女が単に刺激を求めて左傾化したにしては本格的である。

翌、昭和八（一九三三）年、大掛かりな八人組ギャングが現れた。

◎新宿の「グランド・ホテル」黒衣の断髪女が主役　八人組ギャング団　貴金属二千円を奪う（昭和八年一一月九日　読売新聞）

殷賑を極めている山の手銀座『新宿』を中心に、映画「グランド・ホテル」を地で行く淀橋区角筈一ノ一新宿ホテルを舞台として遂にアメリカン・ギャングそこのけの八人組ギャング団が現われ、貴金属商を誘って花のような黒衣断髪の謎の貴婦人を主役に白昼堂々とホテル内監視の眼の前を拳闘家くずれの壮漢五名の一団が乱入して、貴婦人と価格二千三百円余の貴金属類を強奪逃走した大胆不敵極まる奇怪事件が起ったが、店員等の活躍で逃げ遅れた跛足の老紳士と使いの男を逮捕、更に淀橋署の必死の努力でその全貌が瞬くまに判然し、主役謎の黒衣の女は「満洲おふみ」で通り、最近満洲から帰って来た一名『有閑マダム』こと大内八重子（二二）と判り、午後十時半浅草で悠々活動見物中を逮捕したほか、ギャング団一味も刑事隊の活躍により横浜方面に貴金属を持って逃走中の参謀格静

岡県生れ住所不定池田武造（二七）を残すほか九日午前一時までに七名をそれぞれ逮捕した

拳闘家くずれ五人　突如部屋に乱入　女もろとも自動車で奪い去る

事件は八日午後一時ごろ年齢五十歳位の老紳士が忽然四谷区新宿三ノ一貴金属商紺野粂次郎商店に現われ「田舎の豪農の令嬢がダイヤやプラチナ等の貴金属類を四千五百円程買いたいから新宿ホテルまで持参して貰いたい」と注文して来たので主人は余りのことに不審を抱いて警戒し同店に来るように交渉したが「足が悪いから来られないがホテルの人を立会わせたらよかろう」と。電話でホテルの承諾を得た上同店員角田好正（三四）同小松松蔵（二七）の二人が一緒に貴金属類を持って新宿ホテル二階卅一号室に行き、ホテルの事務員古竹豊（二六）同溝口英一（二二）の立会の上で客の年齢五十歳位な足の悪い老紳士が「私が買うのではない隣の令嬢が買われるので私はブローカーですから」とて、店員を二つ隣の卅四号室に連れてゆくと同室には年齢廿六七位の黒洋服に身を包んだ貴婦人風の女がいて、室内に入ってはいかんとて、貴金属類中から白金ダイヤ入りネジウメ指輪二個と白金キヘイ型鎖（三匁一分五厘）一本及び廿金キヘイ型鎖（五匁九分）一本を選んだ末、今一つ白金の指輪が欲しいというので電話で主人粂次郎氏が持参し、件の女に手渡した瞬間、背広服を着た壮漢五名がいずれもステッキを持って玄関から二階に駈け上がり、卅四号室に乱入して貴金属五個（価格二千三百四十三円五十銭）と共に件の女を強奪し、驚く一同を威嚇して脱兎の如く表玄関口へ逃れ、そこにいた円タク（番号二四七四三号）に飛び乗ると電車通り方面に疾走し去った、驚いた同ホテルでは直に淀橋署に当報係員が急行卅一号室の宿泊客及び使いに行った男一名逮捕した

店員は語る　貴金属を持って行った店員角田くんは語る

『私達が持って行くとビッコの中村が女の部屋に入って私等に一寸待って呉れというので、若しやられたらとホテルの人達と出口等を堅めたところが矢庭に拳闘家風の壮漢五名が乱入し女を掻ッ払うようにして逃げ出したのでその後から飛込むとビッコの中村も逃げようとしているので飛びつき格闘して捕らえました』

まさにギャングの名にふさわしい大規模で計画的な犯行である。「映画『グランド・ホテル』を地で行く」とは、前年に封切られたＭＧＭ映画『グランド・ホテル』

を指すのだろう。アカデミー賞最優秀作品賞を受賞したエドマンド・グールディング監督の名作で、グレタ・ガルボ、ジョン・バリモア、ジョーン・クロフォードなどオールスター・キャストが話題を集めた。単に話題作というだけでなく、ひとつの場所に交錯するさまざまな人生を描く映画手法を「グランド・ホテル形式」として定着させるなど、エポック・メイキングな作品だった。映画の中の犯罪のシーンといえば、自称「男爵」の男が落ち目のバレリーナから宝石を盗もうとしたり、別な宿泊客から金を盗もうとすることくらいだろうか。それもとくに事件と関連している場面とはいえず、ホテルで起きた事件だから話題の映画と絡めただけのようにみえる。捕えられた大内八重子は「満洲おふみ」とも「有閑マダム」とも名乗っていたようだが、組織が変われば名前も変えるのか気になるところだ。

満洲帰りの不良たち

日本は江戸後期ごろから領有しやすい場所として満洲に注目していたというが、大きなきっかけは、明治三三（一九〇〇）年にロシアが満洲を占領した義和団事件だ。これに端を発し、明治三七（一九〇四）年に日露戦争が勃発。勝利した日本は、満洲の権益確保に意欲を見せ始める。昭和三（一九二八）年には当時最も有力な軍閥の一人だった張作霖を暗殺し、四年後には「満洲国」を建国。中国はこれを国際連盟理事会に提訴し、国連は調査団を派遣、中国主権の侵害と見なして日中新協定の締結を勧告した。しかし、日本はこれを不服として国際連盟を脱退する。この「グランド・ホテル」事件の年だ。以降、軍部はさらに増長し、日本は急速に国際的孤立を深めていく。

一方、庶民はといえば、大正期ごろから就職や誘拐などのさまざまな理由で満洲に移住していたが、昭和の大恐慌で国内の就職口が減ったことなどからさらに増加の一途を辿る。街には料理店、旅館、カフェーなどが立ち並び、芸妓、酌婦、女給が日本国内のように多数いた。当時、満洲の治安は悪く、盗賊や馬賊（匪賊の一種で用心棒も兼ねている）が跋扈していたが、少女のときに騙されて満洲の娼家に売られ、後に馬賊の頭目の妻になって馬を乗り回し、シベリアに「オーロラ宮」という店を持つまでに至った「シベリアお菊」という女性もいたという。そして、同じく馬賊に入った日本人女性の話が、三角寛『三角寛サンカ選集　第9巻　昭和妖婦伝』（現代書館、二〇〇四年）に登場する。この女性、皆川菊江は昭和四年に鉄砲火薬類取締法違反で逮捕されたが、自宅を捜索すると、書棚のなかにピストル一二挺のほかにモルヒネ三八ポンドを隠しており、神棚の下の貯蔵庫には約六貫匁（二二・五キロ）の阿片を持っていた。取調べるうち、彼女の数奇な運命が浮かび上がって来る。菊江は六人兄弟の長女で、高女を出たものの経済的理由からお見合をするが相手は戦死。二二歳のときに第一次大戦が勃発し、母校の呼びかけで慰問袋を送る。浦塩（ロシアのウラジオストク）派遣軍の少尉からお礼状が来たのを機に手紙を三度やりとりしただけで「婚約」、菊江は戦地に行くことに決めてしまう。学校時代の友人の家の元書生に仲介を頼むが、彼の正体は実は馬賊で、到着したウラジオストクの酒場で売春を強要される。その後も騙されながら転々とし、やっと少尉を発見したときには袖にされてしまう。その五日後、日本人の馬賊と夫婦になった菊江は、ハルビン、モンゴルなどを走りまわって民家や寺院を襲い、一年後にはウラジオストクで酒場を開いて阿片やピストルの密売を開始。ときには殺人もおかしたが、無法地帯だったため、死体は海に捨てたり金を払って中国人に処理させたりしたという。吉林、山東、漢口、上海を廻って日本に戻り、捕まったときは密売を続けながら場末の俳優らを赤坂の待合に連れ込んで阿片を吸うのが日課だったという。フィクションのような話だが、この「昭和妖婦伝」は昭和五（一九三〇）年当時『オール読物』と『文藝春秋』に「実話」として連載され、書籍化の際には「序」として警視総監の藤沼庄平が「著者が足と目と手で編みあげた近頃珍しい文献である」と太鼓判を押している。とはいえ、本来の意味の実話をもとに肉付けした読み物と考えていいだろう。だとしても、当時これを実話と称せるほどそこそこリアリティがあったということに驚く。

昭和一一年には、似たような綽名の女が捕まっている。

◎捕えて見れば例の〝満洲お君〟浅草で網張る枕探し（昭和一一年一一月二〇日読売新聞）

狂言自殺で愛宕署、品川署のご厄介になり留置所で啖呵を切って係官を驚かした札つきの不良少女〝満洲お君〟こと小林君江（二〇）が枕探しでまた愛宕署に留置されている、十五日夜浅草公園ですれ違う男の袖を引いていたところを同署の安藤刑事につかまったもので去る十月九日荒川区日暮里三ノ六一〇毛織物商関口敏男（二六）＝仮名＝を亀戸の円宿ホテルに連れ込み現金十五円クローム側腕時計（価格一七円）を盗み姿を晦ましたほか同様手段の盗みを働いていた

君江は栃木県芳賀郡真岡町ふみ（六〇）の長女で、三歳のとき石屋をやっていた父親に死別し十二歳の春花村栄（三三）という義父を迎えたが折合わず、十七歳のときに無断家出をして上京。上野公園でポン引きに欺されて、満洲の新京昭

和通り『上海楼』に売り飛ばされ、半年後トットという白系露人と恋仲になり同人に身請けされて二人で横浜に帰って来たが君江はトットが厭になったと同人を捨てて上京し、浅草公園を根城に凄腕を揮っていた。

捕まった十五日は丁度同女の誕生日に当たっているので、留置所に入る君江は何かの因縁だろうとうそぶいている。

「満洲おふみ」だの「満洲お君」だので満洲は混み合っていそうだが、やはりそんじょそこらの不良と違って肝が据わっている。騙されて売り飛ばされた店から身請けしてくれた恩人ともいうべきトットを「厭になった」のひと言で捨てて上京するというのも、場所に縛られない大陸仕込みの感性か。このまま、逞しく生きていってほしいものである。

浅草の終焉

「満洲お君」が凄腕を揮っていた昭和一一（一九三六）年の浅草公園は、象潟（きさかた）警察署によるルンペン狩りや不良狩りが「浄化」の名の下にたびたび繰り返されていた。浅草を舞台にした川端康成の小説「浅草祭」（『浅草紅団・浅草祭』講談社文芸文庫、一九九六年）によれば、昭和九（一九三四）年には仲見世の入り口や観音堂の前や噴水の脇に『浄化の浅草』という看板が立てられていたという。曰く、

「従来(これまで)の不良分子(わるもの)は悉く(みなな く)一掃されました。安心してお出で下さい。

利用の方は——

露天商、靴直、人力車、警察の烙印(やきいん)ある木札を持っている者を利用して下さい。

木札には住所氏名(ところとなまえ)と番号（又は臨時）の文字が這入っています。

従来は——

モ　ミ（籤を使用(つかって)して金銭(おかね)を捲上る者）

ツマミ（万年筆眼鏡などの泣き落し）

タカリ（金銭(おかね)をねだる者）

ガゼ八（絵写真などを春画又は猥褻写真(みだらなしやしん)の如く装うて(ようにみせて)売り附ける者）

と称する悪者が有(もう)りましたが、万一此の種の者があったら、その手に罹らぬよう(よう)

御注意の上、最寄派出所へお知らせ下さい」

つまり、警察自ら商売人にお墨を付けて、それ以外を排除する作戦に出たということらしい。

盛況をきわめた浅草の娯楽はといえば、昭和五（一九三〇）年に「プペ・ダンサント」、昭和六（一九三一）年に「ピエル・ブリヤント」を旗揚げして一世を風靡したエノケンこと榎本健一は昭和一三（一九三八）年に東宝入りして浅草を去り、昭和八（一九三三）年劇団「笑の王国」を旗揚げした古川緑波（ろっぱ）も、二年後に丸の内に移動した。川田義雄（後の川田晴久）、坊屋三郎、芝利英、益田喜頓によって結成されたあきれたぼういずは、昭和一〇（一九三五）年にオープンした浅草花月劇場で人気を博していた。とはいえ、全体としてこの頃の浅草にはすでに往年の勢いはなくなっていた。川端は前掲『浅草祭』で「浅草公園は魂が抜けた、陰がなくなった、底がひからびたと、近頃人の言う通りで、取締りが厳重となる一方、振興策は一向講ぜられず、浅草祭発会式でも、「寂れゆく浅草」を嘆く演説ばかり」と書いている。

管理と抑圧にさらされて放埒な魅力を失っていく浅草は、そのまま当時の不良少年少女たちの姿のようにも見えるのである。

戦中・戦後の不良たち

とはいうものの、彼らが絶滅したかといえば、もちろんそうではない。「満洲お君」検挙の翌年の昭和一二（一九三七）年には、銀座、新宿などで窃盗、詐欺、脅迫を働いていた夜嵐お節と名乗る十九歳の少女がリーダーをつとめる不良団「夜嵐団」が検挙されており、翌一三（一九三八）年にも銀座、浅草、新宿、上野、神田などの盛り場で大規模な不良一斉取締りが行われている。またこの年の六月、喫茶店やビリヤード場、麻雀屋で検挙される「サボ学生」（授業をサボって遊ぶ学生）が問題となった。あまりに数が多かったため、早稲田大学の学生たちが「自主自戒の声明書」を発表、いき過ぎた取締りに対して文部省が風紀警察に抗議し、早大の各学部連合委員が学内文化施設の増設を総長に約束させるなどの騒動に発展したという。一三年といえば、四月に国家総動員法が制定・施行され、前年の盧溝橋事件をきっかけに日本軍が徐州、広東、武漢三鎮を占領するなど中国への侵攻を本格化させた年で、ヨーロッパでは翌年にナチスドイツがポーランドに侵攻して第二次世界大戦が始まるという、まさに大戦前夜の時期である。

しかし、時局を無視した不良はこれだけではないらしい。昭和一五（一九四〇）年四月八日には一晩で三一五四人もが検挙されている。一〇日付読売新聞「懐ろ温い父兄の罪　三千を突破した昨夜の不良狩り」には永野刑事部長の談話として「昨年も一万数千件から〔検挙数が：筆者注〕あったが、ことしは一、二閏月で昨年の同月に比べて倍になっている」とあり、その傾向について七月三一日付読売新聞「〝暇〟〝金〟で歪み堕ちる学生と若い職工」という記事では「特に目立つのは近所に住む学生と職工が友達になり、職工は学生気どり、学生は職工の金で遊ぶ」とある。軍需景気で金を持った工員と、時間のある学生が結びついて不良化したという流れのようだ。

昭和一六（一九四一）年、満一四から四〇歳未満の軍人をのぞく男子と満一四から二五歳未満の未婚女子すべてを国民勤労報国隊に入隊させ、勤労動員させるという国民勤労報国協力令が制定。これにより、女学生たちは地元の部隊に体験入営して機関銃を操り、主婦たちは千人針のために街頭に立ち、国防献金バザーに走り回ることとなる。国民一丸となってお国に尽くすというムードのなか、朝からピンポンクラブやスケート場で遊ぶ不良学生が問題になるなど相変わらずの風潮に、警視庁は東京を東西南北に分けた「ブロック狩り」を開始。昭和一七（一九四二）年九月の一斉取締では、わずか四日で九九〇〇人もの不良を検挙したという。この年の四月一八日、東京、名古屋、神戸が初の空襲を体験、空襲警報は機能せず、敵機と気づかず手を振った子供もいたほど人々は油断をしていたといわれている。「連戦連勝」報道には早くも大きな影が差し、その後も戦況はますます悪化、ついに昭和二〇（一九四五）年八月、広島と長崎に原爆が投下され、一五日に昭和天皇の玉音放送とともに太平洋戦争は終結した。

焼け野原になった都市に早速現れたのは、復員兵や工員、勤労学生、戦災孤児などが集まった「愚連隊」である。彼らは在日朝鮮人や台湾人を中心としたアウトロー集団と闇市などでよく衝突したというが、暴力団のような舎弟関係はなく、飛行服に白いマフラーをなびかせたりとファッショナブルなことが特徴だった。戦後の不良少年少女の活躍を記すには紙数が足りないため次回に譲るが、昭和二〇（一九四五）年一二月には戦後初の不良狩りが行われ、早速三二八人が検挙されたとのことだ。

「ジャンダーク」たちのゆくえ

あとがきにかえて

一般に不良といえば、環境や集団生活になじめない若者が自己承認の希求や青年期の衝動から、社会的規範などに反抗して犯罪的行為や傾向に走るという、古今東西、普遍的に見られる行為である。日本に限った場合でも、不良少女は近代以降に出現したとは限らないという指摘もあるかもしれない。

けれども、本書があえて明治から戦前の不良少女に的を絞ったのは、日本が近代化の波に乗って稀に見る大転換をした時代に、早熟で多感な彼らが何を見、何を感じ、何を支持し、何に反抗したか、ということに興味を抱いたからにほかならない。それはとりもなおさず、近代化から続く文化生活を営む現代の少女たち、ひいては元少女、少年たちの生活や思考に、共通点乃至何らかのヒントを発見する機会のひとつとなるのではないかと考えたからである。

当時を知るためには当時の情報メディアを参照することが不可欠だが、とはいえ、それらメディアは必ずしも彼女たちの真実を伝えているわけではないということを前提とする必要がある。「はじめに」でも触れたように、欧米を手本とする女子教育や児童教育、または古式ゆかしい良妻賢母教育などの反定立として、彼女たちは格好の材料にされた側面があるからだ。さらに言えば、この時分の報道は記者や編集者の意図が多分に含まれており、社会問題というよりは個人の問題として、あるいは面白おかしい読み物として、一面的な書き方をされることも見て来た通りである。それらメディアの意識的・無意識的演出を踏まえながら、本書で試みたかったことは、虚実入り交じる引用を織ることで時代の空気を顕在化させ、不良少女たちの息遣いを伝えることである。それは、近代史や都市文化論の研究が専門外であるという事情もさることながら、既存の枠組みに沿うことを好まないという、わたしの小さな「不良性」からともいえるかもしれない。

さて、「ジャンダークのおきみ」に誘われて、明治二九（一八九六）年「本所四人娘」から、昭和一一（一九三六）年「満洲お君」まで、不良少女の変遷を辿ってきた。時間にすればたった四〇年だが、もっと長く感じるほど、世情も都市も大きく様変わりした。

明治半ばの莫連女たちは、父親に逆らい、男装をして、家を飛び出した。大正の不良少女たちは少年たちと共謀し、映画館で客引きし、不良外国人を撃った。昭和初期のバッド・ガールたちは断髪にして、エロを武器に、満洲で暴れた。少しずつ過激さを増す彼女たちだが、必ずしもそれだけではない。映画や文学やダンスを楽しみ、お洒落に興味を持ち、恋愛をし、俳優を追いかけ、喧嘩もした。親に理解されないと怒って家を出たり、学校をサボって映画館に行ったり、喫茶店で長居をしたりと、少女ならではの楽しみや悩みは現代とたいして変わらないともいえるのだ。

本書に登場した数々の「ジャンダーク」たちは、その後どこへ行ったのかこの問いに答える術は今のところない。

結婚した人もいただろう。海外に移住した人も、そのまま客死した人もいただろう。会社を興して大成功した人もいたかもしれない。モヒ（モルヒネ）やヒロポンで人生を狂わせ、死んだ人もいただろう。太平洋戦争の死者三一〇万人のなかにいた人、両親、兄弟、子供、夫など大切な人をそこで失った人もいただろう。大泥棒もいるかもしれない。敗戦直後の混乱期の後、オリンピック開催や万博を経てＧＮＰ世界第二位を達成し、豊かな国になった日本も、オイルショックやバブル景気を経て、いまや一〇〇年に一度といわれる平成不況に喘いでいる……長生きして、今の日本を見ている人はどれくらいいるのだろうか。

平山亜佐子

二〇〇九年一〇月

文庫版出版にあたって

本書は二〇〇九年一一月に河出書房新社から出版した『明治 大正 昭和 不良少女伝——莫連女と少女ギャング団』に若干の加筆と改稿を施したものである。さらに遡れば、本稿は「第四回 河上肇賞」（藤原書店主催）に応募するために二〇〇八年七月一日から八月末にかけて書き下ろしたものが元となっている。

河上肇賞は、経済学者、ジャーナリストであった河上肇の業績に該当する経済学や文明論、文学評論、時論、思想、歴史などの領域に入る未発表ノンフィクション作品を対象としている。当時、長文らしい長文を書いた経験もほとんどなく、コラムを集めたような一冊目の単行本を出したばかりの筆者が、戦前の不良少女というテーマと新聞記事を引用して繋いでいく手法以外にさして指針もないまま、ほぼ手探りで書いたのであった。真夏の太陽の下、国会図書館に通いながら資料を集め、二カ月でどうにかまとまりをつけたことを今も鮮明に覚えている。その結果奨励賞をいただいたが、選評で選考委員の鶴見太郎氏から「小説的な締めくくり方」(「慷慨と選評」『環』Vol. 36 2009冬、藤原書店。なお、本書の終わり方とは違っている)と指摘されたのは示唆的でもあった。ノンフィクションをあまり読んだことがなく、所謂物語ばかり読んできた筆者にとってある意味自明だったのだが、そのことに当時は気付けなかった。

まもなく書籍化が決まって改稿するにあたり、どのようなつくりの本にするか悩んだ。本書の主眼は、当時の新聞記事をそのまま引用し、時代の持つ感覚や価値観、空気感を味わってもらう点にある。そのため、一般的に必要とされる背景の説明は最低限に留め、むしろその部分は読み飛ばしてもらっても構わない、という方針にした。また、近代史や都市文化に詳しい読者には、興味深い部分を自由に見つけて楽しんで欲しいと考えた。研究書ではなくただの面白本でもない、フィクションでありノンフィクションでもある本、虚と実の間(あわい)を辿る本にしたいという狙いがあった。とはいえ、その時点でもそういった思いを言語化できていたわけではない。文庫にする今になって思うことである。

そもそも、一〇〇年以上前の出来事をテーマにするなどという試みは、どうしたって虚実入り交じる。筆者が直接見たり聞いたりしたことではないからだ。明治半ばから昭和初期はメディアの勃興期、発展期で報道のルールが明確ではなく、街の噂と記者の主観が合わさった読み物仕立ての、事実に即しているとは言いがたい記事が多いことは見てきた通り。さらに舞台となった大都市は、「一丁倫敦」「大正モダン」「エロ・グロ・ナンセンス」といった移ろい行く虚構が先行する空間であり、その網目をかい潜る不良少女たちは、意図的に虚を纏おうとした存在である。

これら何重にも虚に包まれた「実」かもしれない挿話を、筆者が「夏休みの昆虫採集よろしく」(「はじめに」)集めた本書は、言い換えれば、「平山亜佐子が『ジャンダークのおきみ』という一人の不良少女をきっかけに好奇心の赴くままに事件記事を集めた物語」という標本箱があり、そのなかにそれぞれの新聞記事という小さな物語の昆虫たちがいるという構造になっている。これこそが、本書の本質なのではないかと今では考えられる。

「低級なジャズ・バンドの響き、超道徳的きょう楽を追う旅の外人の群……」といった、現代のマスコミの感覚では考えられないような表現は、まさに虚と実のモンタージュを現出させるが、そのどちらも同等の煌めきを放っているのである。

さて、では「虚と実の間」という本書の試みは成功しているのか、そもそもどう書けば成功といえるのか、という問いに対する答えは、実はまだ持ち合わせていない。

本書から一二年経った昨年、本荘幽蘭という女性の評伝『問題の女 本荘幽蘭伝』（平凡社）を出版した。この本でもやはり新聞や雑誌の記事を繋いでいく手法を採っており、イメージと現実の錯綜を混在させることで像を浮き彫りにさせることに拘った。筆者の関心は変わっておらず、その意味では本書が原点と言えると考えている。

文庫化にあたり、身に余るような素晴らしい解説をお寄せくださった井上章一さんに、心よりお礼申し上げる。

なんだか親（筆者）より偉くなった我が子（本書）を遠くから見守るような不思議な心持ちである。

また、お忙しいなか帯に推薦文をお寄せ下さった三名の方々にも謝意を表したい。

なにより、一三年前に出たきり品薄のまま細々と命脈を保っていた本書をちくま文庫に推薦してくださった吉川浩満さんには感謝してもし足りない。

そして、いつかカバーイラストをお願いしたいと思っていた西村ツチカさん、かっこいいデザインにしてくださった井上則人さん、レスポンスの遅い筆者に辛抱強くお付き合いくださった筑摩書房の永田士郎さんに深謝する次第である。

装いも新たに身軽になった『不良少女伝』がまた次の読者を見つけてくれることを切に願って、ひとまず擱筆する。

二〇二二年二月

平山亜佐子

解説

井上章一

東京丸の内にあった旧丸ビルが竣工したのは、一九二三年です。これがたちあがった時は、けっこうさわがれました。

それまで、丸の内には三菱地所の手がけるイギリス風のオフィスが、ならんでいたのです。そこに、丸ビルはアメリカ風の装いであらわれました。やはり、見なれない、新鮮なビルだったのでしょうね。見物にくる人も、かなりいたと聞いています。

このビルに入居した業者は、しばしばそこを営業上の看板として活用しました。わが社は丸ビルにテナントをもっている。そのことだけで、小さからぬ訴求力を発揮したのです。

オフィスや店舗に、いわゆる看板娘をおく業者も、でてきました。このビルは、ルッキズムにつっぱしる人たちを、あつめもしたのです。メディアは、そのこともさわぎましたよ。「丸ビル美人」は、ちょっとした当時の評語になりましたね。

その副産物と言ってもいいのかな。「美人」をめぐる色恋沙汰も、話題になりました。「恋の丸ビル」は、はやり唄の文句としても浮上しています。「美人」たちのなかには、男を手玉にとる者もいたそうです。不良少女として、話題になりました。この本も、そんな少女を紹介していますね。たとえば、ハート団とよばれたグループや、その頭目だったジャンダークのおきみらを。

私はこのエピソードを、新しい建築のもつ力として、これまでうけとめてきました。新奇なビルには、人がむらがる。つどった人たちは、そこで都市伝説もふくむ物語を、つむいでいく。そういう場となる建築が、世の中にはある。一九二〇年代の丸ビルも、そのひとつにほかならないと、考えてきました。

今も、このアイデアを全面的にすてるつもりは、ありません。でも、この本を読み、すこし反省をしました。ハート団とその噂をはぐくんだのは、建築だけの力じゃなかったかもしれないな、と。

二〇世紀のはじめごろに、不良少女の出没で話題をよんだのは、おもに浅草でした。浅草公園あたりが、その焦点になっていたのです。ですが、一九二〇年代の後半からは、その場所が銀座へ移動しはじめました。そのことを、私はこの本で教わっています。

じっさいに、不良とよばれた少女たちが、居場所をかえたのかどうかは、わかりません。ただ、不良の評判がわきたつエリアは、うつっていきだしたようです。丸の内は、ずいぶん銀座よりですが、その間に位置します。浅草から銀座へと、話題の場所が南下する。そのとちゅうで、丸の内は、一種の中継地となり、浮かびあがったのではないでしょうか。

もとより、根拠はありません。ただの想いつきです。ですが、丸ビルの建築的な魅力だけが、報道を左右したわけではないかもしれません。もちろん、そのこともかかわってはいたでしょう。しかし、浅草から銀座へという伏流もあって、丸ビルは浮上しえたんじゃないか。そんなことを、考えさせられました。

この本は、不良少女を論じるかつての記事を、たくさん紹介しています。著者じしんの分析が、ないわけではありません。しかし、全体として、ずいぶんひかえ目に書いていています。往時の記事をとおして、メディア的な好奇心の推移を、うつしだす。そんなところに、目標をおいているのでしょうか。

いずれにせよ、おかげで私は、あれこれ想いをめぐらせることができました。今のべた丸ビル＝中継地説も、そうしてひねりだせた着想のひとつです。読み手に、いろいろ考えさせてくれる本ですね。

です。

あと一点、私がもしやと思ったくだりを、紹介させて下さい。この本は、一九三〇年のメディアが気づいたある変化も、とらえています。不良少女団の団長に、美人が多くなったというのです。これも、実態の推移を反映している発見なのかどうかは、わかりません。ただ、そういうところへ目をむけたメディアのあったことは、たしかです。

私はこの指摘から、高群逸枝のある文章を想いうかべました。「世の醜男醜女に与う」（『婦人公論』一九二九年四月号）という一文です。

高群は先駆的なフェミニストの一人です。そして、一九二九年に、今紹介した論説でうったえました。

女たちは、社会へ進出することができていない。その例外は、教育の機会をあたえられた「醜女」である。だから、社会に活路を見いだす少数者は、おおむね「醜女」でしめられる。「美人」には、学業のチャンスがない。そのため、もっぱら恋愛や結婚といった方面で、その容色はいかされてきた。

以上のように、一九二九年までの歴史を、高群はながめわたします。そのうえで、つぎのように言いはなったのです。

もし、今とちがって、男女平等が実現すればどうなるか。すべての女子は、社会進出の途を男子と同じように歩みだす。それは、「美人」も「醜女」とひとしく、頭角をあらわすようつとめる事態にほかならない。そうなった時、社会はまちがいなく「美人」のほうに、より強い脚光をあてるだろう。

男女平等の時代がくれば、「美人」は全面的な勝利を獲得する。恋愛や結婚という従前までの限定的な枠をこえ、あらゆる局面で活躍しはじめる。先駆的に社会へでていた「醜女」は、片隅へおいやられるのではないか。そう高群は予言したのです。くどいかもしれませんが、一九二九年に。

おそらく、そう高群に言わせるだけの趨勢があったのです。一九二〇年代末の時代相が、高群にそんな未来予想の見取図を想いつかせたのでしょうね。

くりかえしますが、不良少女団の様子も、そのころからかわりだしました。団長がルックスでえらばれるようになっていたというのです。喧嘩に強い娘や度胸のある娘を、頭にはいただかない。美しい人をヘッドにすえる少女団が、ふえだした、と。少なくとも、一九三〇年にそう報じられていたことは、まちがいありません。

私は、高群の予言が、何にささえられていたのかを、前からさぐりたく思ってきました。そして、この本で考えさせられたのです。ひょっとしたら、不良少女団の変容も、高群をあとおししたかもしれないな、と。丸ビルがハート団を輩出したことも、あずかっていたでしょうか。

とっぴょうしもない想いつきを、書いてしまいました。文庫版の解説としては、失敗しているような気もします。著者の平山亜佐子さんには、申し訳ないと言うしかありません。

とにかく、この本には講壇的な歴史研究の見すごしてきた情報が、満載されています。いわゆる女性史や教育史も、不良少女の魅力には、目をそむけてきました。近代日本において支配的であった良妻賢母主義を批判する。そんな志をもった研究でさえ、ハート団をとりあげようとはしませんでした。

そういう不良少女史を、とにかくまとめて下さったことは、ありがたいと思います。そして、私はそこからいろいろ発想をひろげることができました。いや、私だけではないでしょう。このテーマに関心のある方々なら、誰もがそれぞれの展望をいだけるはずです。その土台となる作業を、平山さんはして下さったのだと思います。

主要参考文献（著者名五十音順）

赤瀬川原平・吉野孝雄編『宮武外骨・滑稽新聞 第壹冊』筑摩書房、一九八五年
秋山正美『少女たちの昭和史』新潮社、一九九二年
浅野成俊『不良少年と教育施設』日本学術普及会、一九二九年
池田弥三郎『銀座十二章』旺文社文庫、一九八〇年
稲垣恭子 竹内洋編『不良・ヒーロー・左傾 教育と逸脱の社会学』人文書院、二〇〇二年
伊原青々園 後藤宙外編 紅野敏郎解説『唾玉集 明治諸家インタヴュー集』東洋文庫592、平凡社、一九九五年
今村昌平、佐藤忠男、新藤兼人、鶴見俊輔、山田洋次 編『講座日本映画② 無声映画の完成』岩波書店、一九八六年
岩井弘融『病理集団の構造』誠信書房、一九六三年
岩瀬彰『「月給百円」サラリーマン 戦前日本の「平和」な生活』講談社現代新書、二〇〇六年
海野弘『東京の盛り場 江戸からモダン都市へ』六興出版、一九九一年
江刺昭子『女のくせに 草分けの女性新聞記者たち』インパクト出版会、一九九七年

大林清『明治っ子雑記帳』青蛙房、一九九〇年
興津要『明治新聞事始め〈文明開化〉のジャーナリズム』大修館書店、一九九七年
柏木隆法『千本組始末記』海燕書房、一九九二年
川端康成『浅草紅団　浅草祭』講談社文芸文庫、一九九六年
管賀江留郎『戦前の少年犯罪』築地書館、二〇〇七年
草間八十雄『近代下層民衆生活誌Ⅱ』明石書店、一九八七年
――『闇の実話』玄林社、一九三七年
黒岩比佐子『明治のお嬢さま』角川選書、二〇〇八年
河野通雄『不良少年の実際』育成館、一九二八年
酒井眞人『東京盛り場風景』誠文堂、一九三〇年
桜井哲夫『不良少年』ちくま新書、一九九七年
佐藤忠男『増補版　日本映画史Ⅰ 1896-1940』二〇〇六年、岩波書店
重富昭夫『横浜〔チャブ屋〕物語日本のムーランルージュ』センチュリー、一九九五年
下川耿史『昭和性相史　戦前・戦中編』伝統と現代社、一九八一年
新宿区立新宿歴史博物館編『キネマの楽しみ　新宿武蔵野館の黄金時代』新宿区教育委員会、一九九二年
新堀哲岳『明暗の浅草と不良少年』北斗書房、一九三六年
鈴木賀一郎　尾後寛荘太郎『防犯科学全集　第7巻　少年少女犯篇　女性犯篇』中央公論社、一九

三五年
田中直樹『モダン・千夜一夜』チップ・トップ書店、一九三一年
垂水千恵編『コレクション・モダン都市文化　第16巻　モダンガール』ゆまに書房、二〇〇六年
永井良和編『コレクション・モダン都市文化　第4巻　ダンスホール』ゆまに書房、二〇〇四年
永嶺重敏『怪盗ジゴマと活動写真の時代』新潮社、二〇〇六年
西沢爽『雑学　東京行進曲』講談社文庫、一九八四年
パンの明治百年史刊行会『パンの明治百年史』パンの明治百年史刊行会、一九七〇年
ポーラ文化研究所編『幕末維新・明治・大正美人帖：愛蔵版』新人物往来社、二〇〇四年
堀切直人『浅草　大正篇』右文書院、二〇〇五年
本田和子『女学生の系譜　彩色される明治』青土社、一九九〇年
牧野守『日本映画文献書誌1　明治・大正期』雄松堂書店、二〇〇三年
三角寛『三角寛サンカ選集　第9巻　昭和妖婦伝』現代書館、二〇〇四年
三菱地所設計古図面研究会、新建築社編集『丸の内建築図集 1890-1973　三菱地所設計創業130周年記念』（新建築社、二〇二〇年）
南博編『近代庶民生活誌　第二巻　盛り場・裏街』三一書房、一九八四年
村嶋歸之『村嶋歸之著作選集　第1巻　カフェー考現学』柏書房、二〇〇四年
――『村嶋歸之著作選集　第2巻　盛り場と不良少年少女』柏書房、二〇〇四年
明治大正昭和新聞研究会『新聞集成大正編年史』新聞資料出版、一九七八―八七年

毛利眞人『ニッポン・エロ・グロ・ナンセンス　昭和モダン歌謡の光と影』講談社メチエ、二〇一六年
山本武利『新聞記者の誕生　日本のメディアをつくった人びと』新曜社、一九九〇年
夢野久作『夢野久作全集2』ちくま文庫、一九九二年
和田博文編『コレクション・モダン都市文化　第12巻　カフェ』ゆまに書房、二〇〇五年
『一億人の昭和史　日本人1　三代の女たち　上　明治大正編』毎日新聞社、一九八一年
『一億人の昭和史　日本人2　三代の女たち　中　昭和戦前編』毎日新聞社、一九八一年
『1億人の昭和史①　三代の女たち　上　明治大正編』毎日新聞社、一九八一年
『愚連隊伝説　彼らは恐竜のように消えた！』洋泉社、一九九九年
『警視庁史　明治編』警視庁史編さん委員会、一九五九年
『警視庁史　大正編』警視庁史編さん委員会、一九六〇年
『太陽　特集・大正時代』平凡社、一九七四年五月号
『別冊太陽乱歩の時代　昭和エロ・グロ・ナンセンス』平凡社、一九九五年
『日本文学講座　第七巻』新潮社、一九二七年
『文藝春秋　臨時増刊・昭和メモ』文藝春秋新社、一九五四年
『明治大正図誌　東京（一）～（三）』筑摩書房、一九七八―七九年

本書は二〇〇九年一二月に、河出書房新社より刊行された。

増補 転落の歴史に何を見るか　齋藤健

奉天会戦からノモンハン事件に至る34年間、日本は内発的改革を試みたが失敗し、敗戦に至った。近代史を様々な角度から見直し、その原因を追究する。

禅談　澤木興道

「絶対のめでたさ」とは何か。「自己に親しむ」とはどういうことか。俗に媚びず、語り口はあくまで平易。厳しい実践に裏打ちされた迫力の説法。

混浴と日本史　下川耿史

古くは常陸風土記にも記された混浴の様子。宗教や売春とのかかわりは？　太古から今につづく史上初の混浴文化史。図版多数。（ヤマザキマリ）

木の教え　塩野米松

かつて日本人は木と共に生き、木に学んだ教訓を受け継いできた。効率主義に囚われた現代にこそ生かしたい「木の教え」を紹介。（丹羽宇一郎）

手業に学べ　心　塩野米松

失われゆく手仕事の思想を体現する、伝統職人の聞き書き。「心」は斑鳩の里の宮大工、秋田のアケビ蔓細工師など17の職人が登場、仕事を語る。

手業に学べ　技　塩野米松

伝統職人たちの言葉を刻みつけた、渾身の聞き書き。「技」は岡山の船大工、福島の野鍛冶、東京の檜皮葺き職人など13の職人が自らの仕事を語る。

中央線がなかったら　見えてくる東京の古層　陣内秀信・三浦展 編著

中央線がもしなかったら？　中野、高円寺、阿佐ヶ谷、国分寺……地形、水、古道、神社等に注目すれば東京の古代・中世が見えてくる！　対談を増補。

江戸へようこそ　杉浦日向子

江戸人と遊ぼう！　北斎も、源内もみ～んな江戸のワタシラだ。江戸人に共鳴する現代の浮世絵師が、イキイキ語る江戸の楽しみ方。（泉麻人）

ことばが劈（ひら）かれるとき　竹内敏晴

ことばとこえとからだと、それは自分と世界との境界線だ。幼時に耳を病んだ著者が、いかにことばを回復し、自分をとり戻したか。

春画のからくり　田中優子

春画では、女性の裸だけが描かれることはなく、男女の絡みが描かれる。男女が共に楽しんだであろう性表現に凝らされた趣向とは。図版多数。

「読まなくてもいい本」の読書案内　橘　玲

時間は有限だから「古いパラダイムで書かれた本」は捨てよう！　「今、読むべき本」が浮かび上がる驚きの読書術。文庫版書き下ろしを付加。（吉川浩満）

エーゲ 永遠回帰の海　立花　隆

ギリシャ・ローマ文明の核心部を旅し、人類の思考の普遍性に立って、西欧文明がおこなった精神の活動を再構築する思索旅行記。カラー写真満載。

期待と回想　鶴見俊輔

「わたしは不良少年だった」15歳で渡米、戦時下の帰国、戦後50年に及ぶ『思想の科学』の編集……自らの人生と思想を語りつくす。（黒川創）

古城秘話　南條範夫

城の歴史は凄絶な人間絵巻である。――北は松前城から南は鹿児島城まで全国30の古城にまつわる伝説を鮮やかな語りでよみがえらせる。（伊東潤）

証言集　関東大震災の直後　朝鮮人と日本人　西崎雅夫編

大震災の直後に多発した朝鮮人への暴行・殺害。芥川龍之介、竹久夢二、折口信夫ら文化人、子供や市井の人々が残した貴重な記録を集大成する。

戦後日本の「独立」　半藤一利／竹内修司／保阪正康／松本健一

第二次大戦後の日本は本当に自立できたのか。再軍備・講和問題・吉田ドクトリン……15のテーマから語り尽くす、占領下から「独立」への道。

移行期的混乱　平川克美

人口が減少し超高齢化が進み経済活動が停滞する社会で、未来に向けてどんなビジョンが語れるか？　転換点を生き抜く知見。（内田樹＋高橋源一郎）

私の幸福論　福田恆存

この世は不平等だ。何と言おうと！　しかしあなたは幸福にならなければ……。平易な言葉で生きることの意味を説く刺激的な書。（中野翠）

定本　後藤田正晴　保阪正康

治安の総帥から政治家へ――異色の政治家後藤田正晴は、どのような信念を持ち、どんな決断を下したのか。その生涯を多面的に読み解く決定版評伝。

増補　日本語が亡びるとき　水村美苗

明治以来豊かな近代文学を生み出してきた日本語が、いま、大きな岐路に立っている。我々にとって言語とは何なのか。第8回小林秀雄賞受賞作に大幅増補。

古本で見る昭和の生活　岡崎武志

古本屋でひっそりとたたずむ雑本たち。忘れられたベストセラーや捨てられた生活実用書など。それらを紹介しながら、昭和の生活を探る。（出久根達郎）

上京する文學　岡崎武志

村上春樹、川端康成、宮澤賢治に太宰治——、作家の上京を「東京」の街はどんな風に迎えたのか。上京で読み解く文学案内。野呂邦暢の章を追記。（重松清）

文壇挽歌物語　大村彦次郎

太陽族の登場で幕をあけた昭和三十年代。編集者の目から見た戦後文壇史の舞台裏。『文壇うたかた物語』『文壇栄華物語』に続く〈文壇三部作〉完結編。

赤線跡を歩く　木村聡

戦後まもなく特殊飲食店街として形成された赤線地帯。その後十余年、都市空間を彩ったその宝石のような建築物と街並みの今を記録した写真集。

江戸衣装図絵 奥方と町娘たち　菊地ひと美

江戸二六〇年の間、変わり続けた女たちのファッション。着物の模様、帯の結び、髪形、装身具など、その流行の変遷をカラーイラストで紹介する。

江戸衣装図絵 武士と町人　菊地ひと美

江戸の男たちの衣装は仕事着として発達した。やがて、遊び心や洒落心から様々なスタイルが生まれた。そのすべてをカラーイラストで紹介する。

私の小裂たち　志村ふくみ

染織家・志村ふくみが、半世紀以上前から染めて織った布の端裂を貼りためたものと、仕事への思いあふれる文章で綴る、色と織の見本帳。

TOKYO STYLE　都築響一

小さい部屋が、わが宇宙。ごちゃごちゃと、しかし快適に暮らす、僕らの本当のトウキョウ・スタイルはこんなものだ！ 話題の写真集文庫化！

つげ義春の温泉　つげ義春

マンガ家つげ義春が写した温泉場の風景。一九六〇年代から七〇年代にかけて、日本の片すみを旅した、つげ義春の視線がいま鮮烈によみがえってくる。

クマにあったらどうするか　姉崎等　片山龍峯

「クマは師匠」と語り遺した狩人が、アイヌ民族の知恵と自身の経験から導き出した超実践クマ対処法。クマと人間の共存する形が見えてくる。（遠藤ケイ）

身近な虫たちの華麗な生きかた　稲垣栄洋　小堀文彦・画

地べたを這いながらも、いつか華麗に変身することを夢見てしたたかに生きる身近な虫たちを紹介する。精緻で美しいイラスト多数。（小池昌代）

したたかな植物たち　春夏篇　多田多恵子

スミレ、ネジバナ、タンポポ。道端に咲く小さな植物は、動けないからこそ、したたかに生きている！身近な植物たちのあっと驚く私生活を紹介します。

したたかな植物たち　秋冬篇　多田多恵子

ヤドリギ、ガジュマル、フクジュソウ。美しくも奇妙な生態にはすべて理由があります。人知れず花を咲かせ、種子を増やし続ける植物の秘密に迫る。

野に咲く花の生態図鑑【春夏篇】　多田多恵子

野に生きる植物たちの美しさとしたたかさに満ちた生存戦略の数々。植物への愛をこめて綴られる珠玉のネイチャー・エッセイ。カラー写真満載。

野に咲く花の生態図鑑【秋冬篇】　多田多恵子

寒さが強まる過酷な季節にあえて花を咲かせ実をつける理由とは？　人気の植物学者が、秋から早春にかけて野山を彩る植物の、知略に満ちた生態を紹介。

ゴリラに学ぶ男らしさ　山極寿一

自尊心をもてあまし、孤立する男たち。その葛藤は何に由来するのか？　身体や心に刻印されたオスの進化的な特性を明らかにし、男の懊悩を解き明かす。

解剖学教室へようこそ　養老孟司

解剖すると何が「わかる」のか。動かぬ肉体という具体から、どこまで思考が拡がるのか。養老ヒト学の原点を示す記念碑的一冊。（南直哉）

考えるヒト　養老孟司

意識の本質とは何か。私たちはそれを知ることができるのか。脳と心の関係を探り、無意識に目を向ける。自分の頭で考えるための入門書。（玄侑宗久）

想像のレッスン　鷲田清一

「他者の未知の感受性にふれておろおろする」自分を曝けだしたかった、著者のアート（演劇、映画等）論。見ることの野性を甦らせる。（堀畑裕之）

理不尽な進化　増補新版　吉川浩満

進化論の面白さはどこにあるのか？　科学者の論争を整理し、俗説を覆し、進化論の核心をしめす。アートとサイエンスを鮮やかに結ぶ現代の名著。（養老孟司）

ちくま文庫

明治・大正・昭和　不良少女伝
――莫連女と少女ギャング団

二〇二二年三月十日　第一刷発行

著者　平山亜佐子（ひらやま・あさこ）
発行者　喜入冬子
発行所　株式会社　筑摩書房
東京都台東区蔵前二―五―三　〒一一一―八七五五
電話番号　〇三―五六八七―二六〇一（代表）
装幀者　安野光雅
印刷所　株式会社精興社
製本所　株式会社積信堂

ISBN978-4-480-43783-9　C0121